WEBTOOLS für den Unterricht

Wie Sie zeitsparend und kreativ digitalen Unterricht gestalten und Ihre Schüler langfristig motivieren

Thomas Weider

Inhaltsverzeichnis

1. Einleitung „Digitales Klassenzimmer“

Willkommen in der digitalisierten Schule, willkommen im Unterricht von morgen!

Die Digitalisierung bzw. der digitale Wandel sind seit langen Jahren in aller Munde, auch wenn die schrittweise Umsetzung in die Realität bisher eher zögerlich voranging. Als begrüßenswerter Nebeneffekt haben die Maßnahmen während des Corona-Jahres die Digitalisierung zumindest im schulischen Bereich beschleunigt. Wann also, wenn nicht jetzt, wäre der richtige Zeitpunkt, um sich mit den Anforderungen der digitalisierten beruflichen Zukunft der heutigen Kinder – und der eigenen als LehrerIn – eingehender zu befassen?

Welche Herausforderungen, aber vor allem welche Vorteile hat die Digitalisierung des Unterrichts? Mit welchen Problemen bei ihrer Umsetzung werden sich Schulen und andere Bildungseinrichtungen in naher Zukunft eingehender befassen müssen?

Es ist für Sie als LehrerIn vor allem deswegen höchste Zeit, weil Ihre SchülerInnen später in einer weitgehend digitalisierten Arbeitswelt zurechtkommen werden müssen. Mit Smartphones und Tablets aufgewachsen, kennen sie sich im Internet heute schon besser aus als viele Erwachsene . Eine Welt ohne Internet und Social Media ist für sie gänzlich unvorstellbar. Die Kommunikation mittels sozialer Medien ist sogar zu einem wesentlichen Bestandteil ihrer jugendlichen Interaktion geworden -dies leider auch in Form von Cybermobbing. Auch hier muss digitaler Unterricht ansetzen. Digitaler Unterricht bedeutet deshalb nicht nur reines Lernen am Computer, sondern ebenso die Vermittlung eines verantwortungsvollen Umgangs mit Daten sowie das Prüfen von Informationsquellen auf ihre Verlässlichkeit. Internet-Aktivitäten beinhalten eben auch die Speicherung und Verarbeitung der eigenen Daten. Deshalb sollte nicht nur die schulische Nutzung der digitalen Möglichkeiten Aufgabe des Unterrichts sein, sondern auch ein damit verbundenes Verständnis für den Datenschutz. Erziehungsberechtigte wie auch Lehrpersonal stehen hier in besonderer Verantwortung.

Die Zukunft von Kindern und Jugendlichen sieht Digitalisierung in immer weiteren Lebensbereichen vor. LehrerInnen und Eltern sollten sich mit ihnen gemeinsam damit auseinandersetzen. Ebenso wie jedes Kind mit seiner Muttersprache aufwächst und dennoch Sprachunterricht in der Schule erhält, um mehr über die eigene Sprache zu erfahren und Detailwissen zu erlangen, sollte das Erlernen von Informationstechnologien als Ergänzung zur Alltagsnutzung des Internets gesehen werden. Ein gezieltes Aufzeigen der Vielfalt der digitalen Lernmöglichkeiten durch gut ausgebildetes Lehrpersonal wird über Erfolg oder Misserfolg in der späteren beruflichen Laufbahn der heutigen Kinder und Jugendlichen entscheiden. Wie ein digitales Klassenzimmer aussehen kann, wie Webtools funktionieren und welche Vorteile sie für Lehrer und Schüler bringen, werden die folgenden Kapitel eingehender veranschaulichen.

2. Was ist ein Webtool und wie funktioniert es?

Einfach ausgedrückt, ist ein Webtool ein Zusatzprogramm zur Erleichterung Ihrer Computerarbeit. Aber auch ein eigener Internetauftritt lässt sich mittels eines passenden Webtools verbessern. Ein Webtool setzt kein besonderes PC-Betriebssystem voraus, sondern funktioniert auf allen Computersystemen. Im Unterschied zu einem Computerprogramm, das lokal auf jedem Computer installiert wird und systemunterstützend arbeitet, werden die Daten eines Webtools zum größten Teil außerhalb auf einem Server verarbeitet und sind für Sie über einen Webbrowser abrufbar. – Nur kurz zum Unterschied: Ein Webbrowser ist die Software, die Ihnen das Abrufen der Informationen von einem Webserver ermöglicht, z. B. Internet Explorer, Firefox oder Chrome – Die meisten Anwendungen erfordern lediglich einen aktualisierten Webbrowser, um die gewünschten Daten fehlerfrei – meist via http-Protokoll – auf Ihren lokalen Rechner übertragen zu können. Ein Webtool ist folglich eine Erweiterung der Funktionen Ihres Computers, Tablets oder Smartphones. Es bietet Ihnen in Form eines Hilfsprogramms für einen bestimmten Lern- oder Arbeitsbereich auf Ihre speziellen Wünsche zugeschnittene Funktionen an und ist somit mit einer App vergleichbar. Webtools sind - ähnlich wie Apps - eine reine Anwendersoftware. Im Gegensatz zu systemrelevanten Anwendungen richten sich Webtools in der Regel nur an bestimmte Zielgruppen. Mit ihrer Hilfe können Sie Ihre Hardware optimal an Ihre eigenen Erfordernisse und Wünsche anpassen, beruflich wie privat.

Die von Ihnen gewählten Webtools richten sich mit ihren Anwendungen an die Zielgruppe der LehrerInnen und ReferendarInnen und damit (teils direkt, teils indirekt) auch an deren SchülerInnen und deren Eltern, die im digitalen Unterricht ebenso damit arbeiten. Webtools sind im Distanzunterricht des digitalen Lernens in erster Linie Kommunikationsmittel zwischen LehrerInnen und SchülerInnen, aber genauso zwischen den SchülerInnen untereinander. Tools für den Unterricht funktionieren interaktiv, d. h. LehrerInnen wie auch SchülerInnen können Unterrichtsmaterial sowie Hausaufgaben sowohl abrufen als auch einstellen. Terminplanung, das Anlegen von SchülerInnenprofilen zum Zweck von Lernschritten sowie Notenverwaltung sind dadurch übersichtlicher und weniger zeitaufwändig in der Nutzung. Dies vor allem auch deshalb, weil viele Tools am eigenen PC zuhause offline genutzt und mit Smartphones und Tablets (in der Schule) synchronisiert werden können. Das ist notwendig geworden, denn im Vergleich zu früher müssen LehrerInnen wesentlich mehr dokumentieren, Termine koordinieren oder administrative Tätigkeiten erledigen. Fast alle älteren SchülerInnen besitzen heute zumindest ein Smartphone. Darauf installierte Webtools ermöglichen ihnen neben der Teilnahme am digitalen Unterricht auch dessen Vor- und Nachbereitung. Für die SchülerInnen ermöglichen sie durch Internetzugang und spezielle Funktionen zusätzliche Anwendungen und Lernmöglichkeiten, die ihnen sonst schwerer zugänglich wären. Die Anzahl der Apps für Tablets und Smartphones wächst rapide. Manche sind sogar kostenfrei, wie z. B. die Lehrer-App. Auch im Bereich der digitalen Schulorganisation und des digitalen Unterrichts gibt es eine große Zahl an Angeboten. Es gilt dabei zu prüfen, was für die Schule und im Besonderen für den eigenen Unterricht am sinnvollsten erscheint. Dabei sollte auch relevant sein, welches Tool sich bereits bewährt hat und zwecks Austauschs mit anderen LehrerInnen und Schulen relativ verbreitet ist.

3. Warum sollte man Webtools einsetzen?

Webtools erleichtern nicht nur die Arbeit, sondern optimieren sie vor allem, indem sie zusätzlich zu den Standardprogrammen spezielle Funktionen und angepasste Arbeitsoberflächen anbieten. In unserer immer höher spezialisierten und technisierten Welt können die Webtools passgenau auf die gewünschten Anforderungen zugeschnitten werden. Das so gewonnene Detailwissen und die gute Vernetzung aller Beteiligten führen im Resultat zu mehr Arbeitseffizienz. Gerade während der Corona-Pandemie bieten die Webtools eine interaktive Zusammenarbeit mit KollegInnen – oder gar kompletten Arbeitsgruppen – vom Home Office aus.

3.1 Warum sind Webtools in der Schule wichtig?

Moderner Unterricht lässt sich nicht mehr mit dem Unterricht vor 50 oder auch nur 20 Jahren vergleichen. Nicht nur die Inhalte sind immer spezieller und zielgerichteter in Bezug auf spätere berufliche Anforderungen der SchülerInnen geworden, auch die Mittel sind differenzierter. In unserer wesentlich schnelllebiger gewordenen Gesellschaft lassen sich Kinder und Jugendliche nicht mehr mit Frontalunterricht und Referaten fesseln. Sie wollen ihren Lernstoff nicht nur passiv aufnehmen, sondern sich den Inhalt selbst erarbeiten. Von Lehrkräften sind neue didaktische Methoden gefordert, die sich den veränderten Inhalten anpassen. Diese stehen Ihnen mit den verschiedensten Apps zur Verfügung. Nachweislich ist die Konzentrationsspanne eines Großteils der SchülerInnen gesunken. Inhalte, die sie sich früher anlesen mussten, lassen sich mit modernen Webtools durch Videos und Podcasts altersgemäßer aneignen. Der Unterricht wird dadurch abwechslungsreicher und interessanter, aber vor allem auch effektiver. Zudem lernen die Jugendlichen nicht nur im privaten Bereich, ganz selbstverständlich mit digitalen Medien umzugehen. Voraussetzung sollte jedoch sein, dass alle Schüler-

Innen in der Lage sind, die angebotenen Tools auch nutzen zu können. Deshalb sollten die wesentlichen Tools kostenfrei und ohne Registrierung zugänglich sein.

Neben der Vorbereitung auf die Anforderungen der beruflichen Zukunft der SchülerInnen lässt sich auch der Schulalltag mit Hilfe von Webtools einfach und wenig zeitaufwändig organisieren. Interne Abläufe werden transparenter und leichter nachvollziehbar. Das betrifft sowohl die Schulleitung als auch das gesamte Lehrerkollegium. Eine App kann als digitales Klassenbuch (z. B. TeacherTool oder NotenBox) dienen, Umfragen erleichtern oder schulische Dokumente verwalten helfen. Webtools haben ebenfalls großen Einfluss auf die Kommunikation. Ein Gespräch zwischen Eltern und LehrerInnen erfordert nicht mehr notwendigerweise die physische Präsenz aller Beteiligten. Die Möglichkeit, während eines Online-Gesprächs Klassenbücher und Lernprotokolle einsehen zu können, erhöht zudem die Transparenz auch in dieser, manchmal nicht unproblematischen Kommunikation.

Webtools vereinfachen weiterhin den fächer- und klassenübergreifenden Unterricht, da mehrere Klassen ein gemeinsames Projekt erarbeiten können, ohne dass die persönliche Anwesenheit aller SchülerInnen gleichzeitig erforderlich ist, beispielsweise beim Sammeln von Daten oder Fotos. Als LehrerIn wissen Sie, was für ein organisatorischer Kraftakt das ohne die Vielfalt von digitalen Medien wäre. Doch nicht nur innerhalb des schulischen Bereichs, sondern auch in Verbindung von schulischen und außerschulischen Aktivitäten erweisen sich Webtools immer wieder als vielseitig und hilfreich.

3.2 Vorteile für den Lehrer

Die Wissensvermittlung sollte zeitgemäß sein. Das Medienverhalten junger Menschen und die dadurch von ihnen erworbene Kompetenz können sich LehrerInnen

durch die Benutzung mobiler Geräte für den Unterricht nutzbar machen. Es ist kein Geheimnis, dass SchülerInnern nachhaltiger lernen, wenn sie motiviert sind. Lehrer sind gefordert, ihren Unterricht so zu gestalten, dass er die Zusammenarbeit fördert und aktives Mitgestalten seitens der Kinder und Jugendlichen ermöglicht. Neben der Recherche von Informationen zu Lehrinhalten ist es daher sinnvoll, Smartphones und Tablets auch in darüber hinausgehende Phasen des Lernens einzubeziehen. Der bisherige, noch weitgehend analoge Unterricht wird durch die Nutzung von Webtools zu Unterrichts- und Lernprozessen gebracht, die ohne den Einsatz digitaler Medien nicht zustande kämen.

Die erwähnten Webtools sind nur ein kleine Auswahl des breiten Angebots an Lehr- und Lern-Apps. Alle bieten die Möglichkeit, den virtuellen Raum als selbstverständlichen Bestandteil des Unterrichts zu erkunden und zu nutzen. Unterrichtsplanung,

Führung des Klassenbuchs, Anwesenheitslisten, Eintragen der Fehlzeiten, Lehrerkalender oder Verwaltung der Notengabe - für nichts von alledem brauchen Sie mehr Papier und Stift. Für jede Aufgabe gibt es die passende App. Übersichtlich und platzsparend auf dem Tablet oder Smartphone geladen, haben Sie immer alles griffbereit, was Sie für Ihren Unterricht benötigen. Die Apps "TeacherTool", "Tapucate" und "NotenBoy" bieten dies an und sind inzwischen zu weitverbreiteten und u. a. von der GEW empfohlenen Organisationshelfern des Lehreralltags geworden.

Auch für den internen Lehrerchat finden Sie das passende Webtool. Ob im Chatraum oder im einzelnen Kontakt - Siekönnen sich direkt und unkompliziert, z. B. via Slack, RocketChat oder Yammer austauschen. Sie sind dadurch flexibler, denn Sie selbst wählen die Zeit und den Ort für ein Brainstorming abseits von örtlich festgelegten Besprechungen. Das funktioniert u. a. mit den Apps Mindmeister und Webspiration. Auch das gemeinsame Bearbeiten von Dokumenten ist zeitsparender als mehrere Einzeldokumente nachträglich zusammenzufügen. Alle Nutzer markieren einfach ihre Eingaben farblich unterschiedlich und können so gleichzeitig auf Etherpad an einem Text arbeiten. Gibt es etwas zu klären, ist im Textbearbeitungsfenster ein Chat untereinander möglich.

Multimediale Präsentationen mit Infografiken sind schon heute aus dem Unterricht kaum noch wegzudenken. Mehr Leben lässt sich in den Unterricht bringen, wenn Sie statt herkömmliche Referate zu vergeben, eigene Lehrvideos (mit oder ohne Beteiligung der SchülerInnen) produzieren. Die App "Explain Everything" kann Ihnen dabei helfen.

Strukturiertes Arbeiten und die sich daraus ergebende Zeitersparnis, eine teilweise flexible Zeiteinteilung sowie die Nutzung neuer Möglichkeiten des Visualisierens und Experimentierens sind eindeutige Vorteile des digitalen Unterrichts.

3.3 Vorteile für die Schüler

Die Corona-Krise hat als Schnellschuss etwas gefordert, was schon vorher in aller Munde war: die Integration von Distanzunterricht in den Schulalltag. Wer schon im Präsenzunterricht erste Erfahrungen mit digitalem Lernen auf Unterrichtsebene machen konnte, ist hierbei klar im Vorteil. Falls Webtools zuvor bereits in der Klasse vorgestellt wurden, fällt den SchülerInnen der Umgang mit ihnen als alleinige Kommunikationsbasis für den Unterricht leichter. Generell lässt sich feststellen, dass digitales Lernen Jugendlichen die Schule näher bringt, da die Benutzung von Smartphone -vorrangig als Kommunikationsmitte-bereits ein wesentlicher Teil ihres täglichen Lebens ist. Selbst wenn die Lernenden mit digitalen Medien aufgewachsen sind, bringt es sie schulisch weiter, neue Anwendungen kennenzulernen, die sie vorher noch nicht benutzt haben. Häufig werden im schulischen Distanzlernen bereits die bekannten Kommunulationsplattformen Skype und Office365 oder Slack genutzt. Die selbstverständliche Handhabung des Office-Programms setzt ein wenig Übung voraus.

Blogs eignen sich hervorragend zum Sprachenlernen, denn sie vermitteln Lehrstoff, und der Umgang mit ihnen beweist Medienkompetenz. Als inhaltliche Ergänzung können Blogs in jedem Fach hilfreich sein, ob als Lerntagebuch oder zur Projektdokumentation. Flocabulary unterstützt das Vokabelnlernen über Hiphop-Musik und –Texte. Jeder hat schon die Erfahrung gemacht, dass sich Vokabeln in Verbindung mit Musik besser merken lassen. Ein weiterer Vorteil: Es liefert zusätzlich Hintergründe und Übungen zu jedem der Songs. Das Einbinden ihrer persönlichen Lebenswelten wie auch der bereits vorhandenen Vernetzung miteinander ist für die Lernenden wahrscheinlich die größte Motivation, digitale Lernmethoden weiter zu erkunden.

Wie man einem möglichen Nachteil begegnen kann, sollte nicht unerwähnt bleiben. Home-Office kann die SchülerInnen zur Nachlässigkeit verleiten. Deshalb gilt es von vornherein klarzustellen, dass für den digitalen Unterricht z. B. in Gruppenchats die gleichen Regeln gelten, die auch im Präsenzunterricht Gültigkeit haben. Dazu gehören, gut vorbereitet und pünktlich zum Distanzunterricht zu erscheinen, einander gegenseitig ausreden zu lassen und respektvoll miteinander umzugehen. Auch Nebentätigkeiten sollten tabu sein, solange die Videokonferenz oder der Chat läuft. Nur wenn alle Beteiligten ihr digitales Engagement ernst nehmen, werden sich Erfolgserlebnisse einstellen. Es ist fast selbstverständlich, anzunehmen, dass mit der Einrichtung eines digitalen Klassenzimmers nicht jede Funktion bzw. Aktion sofort funktioniert. Hier helfen nur Geduld, gegenseitige Wertschätzung und positive Rückmeldungen als Hilfe zur Problemlösung. Das frühzeitig lernen zu können, ist ein unschätzbarer Vorteil in Hinsicht auf das spätere (auch digitale) Berufsleben jedes Lernenden.

3.4 Webtools und der Datenschutz

Spätestens seit Inkrafttreten der EU-Datenschutzgrundverordnung (DSGVO) im Jahr 2018 kommt dem Datenschutz auch an öffentlichen Schulen eine besondere Bedeutung zu. Hier muss bei der Auswahl und dem Einsatz von Webtools im Unterricht und bei der Verwaltung von Schülerdaten (z. B. im digitalen Klassenbuch, siehe Kap. 4.5) geprüft werden, wo diese gespeichert und weiterverarbeitet werden. Hintergrund ist, dass gemäß geltendem Recht ausschließlich Anwendungen genutzt werden sollen, die personenbezogene Daten auf Servern innerhalb der Europäischen Union ablegen. Dadurch soll verhindert werden, dass sensible Daten ins außereuropäische Ausland (z. B. in die USA) gelangen, wo die Datenschutz-Richtlinien nicht so hoch angesiedelt sind wie hierzulande. Somit verbietet sich beispielsweise die Einrichtung einer WhatsApp-Gruppe für die schulklasseninterne Kommunikation von selbst. Auch der Einsatz von so beliebten Diensten wie Dropbox zum einfachen und schnellen Austausch von Dateien ist eine höchst zweifelhafte, weil unsichere Angelegenheit. Achten Sie insbesondere beim Einsatz von Cloud-Diensten und Online-Lernplattformen darauf, wo die Daten physisch gespeichert werden - also wo sich die genutzten Server befinden!

Wenn die geltenden Datenschutzrichtlinien eingehalten werden, dann ist der Einsatz von Webtools recht unproblematisch. Gemäß den Datenschutzregelungen der Länder, die für die Schulen zuständig sind, dürfen an Schulen die Daten verarbeitet werden, die für die Durchführung des digitalen Unterrichts und die Verwaltung erforderlich sind. Die Führung eines digitalen Klassenbuches ist somit durchaus zulässig und erfordert keine besonderen Genehmigungen. Lediglich bei der Anmeldung von SchülerInnen an einer Schule müssen die Erziehungsberechtigten hierzu schriftlich ihr Einverständnis geben. Wichtigste Voraussetzung beim Einsatz digitaler Lern- und Lehrmittel ist, dass ausreichende Maßnahmen für die Datensicherheit getroffen werden. So müssen z. B. Zugriffsmöglichkeiten und -berechtigungen derart gestaltet sein, dass Unbefugte nicht an sensible Daten und Informationen gelangen können. Hier ist das Augenmerk insbesondere auf die genutzten Endgeräte von Lehrkräften zu richten: Auf dem Dienst-Notebook oder Tablet-PC eines Lehrers ist es zwingend erforderlich, dass Schülerdaten ausreichend verschlüsselt und passwortgeschützt gespeichert werden.

Bei fahrlässigen Verstößen gegen geltende Datenschutzrichtlinien müssen Lehrkräfte und auch Schulträger keine Strafen im strafrechtlichen Sinne befürchten. Bei Bekanntwerden solcher Fälle sind allenfalls disziplinarische Maßnahmen zu erwarten. Hilfreich ist in jedem Falle der Datenschutzbeauftragte, der an jeder öffentlichen Schule benannt werden muss. Der Datenschutzbeauftragte soll nicht etwa als Kontrollinstanz gesehen werden, sondern als Berater, Unterstützer und Anlaufstelle für Eltern und LehrerInnen bei allen Fragen rund um die Verarbeitung personenbezogener Daten von SchülerInnen und pädagogischen Mitarbeitern. Darüber hinaus überwacht der oder die Datenschutzbeauftragte die Einhaltung von datenschutzrechtlichen Vorschriften. Die Verantwortung hierfür liegt jedoch letztendlich bei der Schulleitung.

4. Webtools

Jedes Webtool bedient einen anderen Aspekt des digitalen Lehrens und Lernens: von der Unterrichtsplanung über das Erstellen von Präsentationen und dem interaktiven Lernen bis zur Klassenorganisation. Wie Sie damit arbeiten können, welche Funktionen jedes der vorgestellten Tools anbietet und wie sich die einzelnen Tools sinnvoll einander ergänzen, erfahren Sie in diesem Kapitel.

4.1 Tools zum Erstellen von Lehrmaterialien

Langwierige Vorbereitungen und Vervielfältigungen von Arbeitsblättern bleiben Ihnen mit den Webtools zur Unterrichtsgestaltung erspart. Einander ergänzend decken die Tools die Bandbreite der benötigten Materialien von Vor- bis Nachbereitung für Sie als LehrerIn, wie auch für die Einzel- und Gruppenarbeit der SchülerInnen ab. Gemeinsam in Masken arbeiten zu können, spart nicht nur Zeit, sondern erleichtert auch die Zusammenarbeit mit anderen KollegInnen sowie den Austausch von Fachmaterial untereinander. Themen- und fächerübergreifende Angebote können unterschiedliche Ebenen des Lehrstoffs einbeziehen und vertiefen dadurch den Unterricht inhaltlich. Das Ergebnis zeigt sich am Lernverhalten der SchülerInnen. Langweilen sie sich, verlieren sie die Konzentration, wie z. B. bei einer langen Präsentation. Sich aktiv beteiligen und interagieren zu können, sich Teile in Einzel- oder Gruppenarbeit selbst zu erarbeiten, steigert dagegen entscheidend die Motivation. Dass sie das bereits Erlernte ausprobieren und dabei nebenbei weiterlernen können, steigert das Interesse am Thema und sichert Erfolgserlebnisse. Einige Tools sind in der Lage, die Texte, die gerade im Unterricht relevant sind, zu visualisieren. Auch dies erhöht die allgemeine Aufmerksamkeit und trägt somit zu nachhaltigerem Lernen eines Stoffes bei.

Als Fazit lässt sich zusammenfassen: Tools zum Erstellen von Lehrmaterialien bringen Transparenz, Zeitersparnis und Motivation für Lehrende und für Lernende.

4.1
Tools zum Erstellen von Lehrmaterialien

Padlet

https://de.padlet.com/

Deutsch, Englisch

Windows, Mac, Android, IOS

Kostenlose Basisversion
Für kostenpflichtige Version siehe:
https://padlet.com/support/gettingstarted_pricing

Beschreibung:

Wenn Sie nach Möglichkeiten suchen, die Teilnahme und Zusammenarbeit im Unterricht zu verbessern, ist Padlet das richtige Tool für Sie. Padlet ist ein kostenloses Onlinetool, das sich am besten als virtuelle Pinnwand beschreiben lässt, auf der Sie so viele "Wände" oder virtuelle Tafeln herstellen können wie Sie möchten. Diese Tafeln lassen sich problemlos untereinander teilen. Ähnlich wie Pinterest, nur speziell für LehrerInnen und SchülerInnen entwickelt, um das Engagement über einfache Diskussionen hinaus zu erhöhen. Dieses Webtool dient zur Zusammenarbeit, zum Organisieren, Erstellen und Austauschen von Ideen an einem sicheren Ort. Dies geschieht mit der Padlet-App in Echtzeit und über sämtliche Geräte hinweg.

Anwendungsmöglichkeiten:

1. Aktivität ausführen

   Padlet bietet eine effektive Möglichkeit, SchülerInnen zur Interaktion untereinander zu ermutigen, während Sie eine schnelle formative Beurteilung vornehmen, um das Verständnis Ihrer SchülerInnen für ein Konzept zu verfolgen. Durch die Zuweisung eines Klassenthemas können die SchülerInnen ein Brainstorming durchführen, ihre Ideen untereinander austauschen, die Antworten ihrer KlassenkameradInnen durchlesen und sogar aufeinander reagieren. Dies trägt dazu bei, den Unterricht mit minimaler Beteiligung des Lehrers/der Lehrerin zu beginnen und bietet eine gute Möglichkeit, sich auf Ihre SchülerInnen zu konzentrieren.

2. Lehr- und Lernmaterial

   Padlet verfügt über eine breite Palette an Material, das nicht nur Texte oder Bilder, sondern auch Audio- und Videodateien umfasst, die Ihnen helfen, Lehrmaterialien zu erstellen, zu organisieren und sie mit Ihren Studierenden oder Kollegen zu teilen.

3. Exit-Ticket

   Der Hauptzweck eines Exit-Tickets ist es, am Ende einer Unterrichtsstunde oder einer Unterrichtseinheit eine Beurteilung von Verständnis und Leistung eines Schülers zu liefern. Sie können es beispielsweise verwenden, indem Sie die SchülerInnen fragen, woran sie sich aus der Lektion erinnern. Sie können Ihr Messageboard auf dem Laufenden halten, sodass Ihre SchülerInnen nie wieder ihre Hausaufgaben vergessen werden. Das Padlet ist auch eine effektive Möglichkeit für SchülerInnen, die eine Lektion versäumen, trotzdem am Lernprozess teilzunehmen

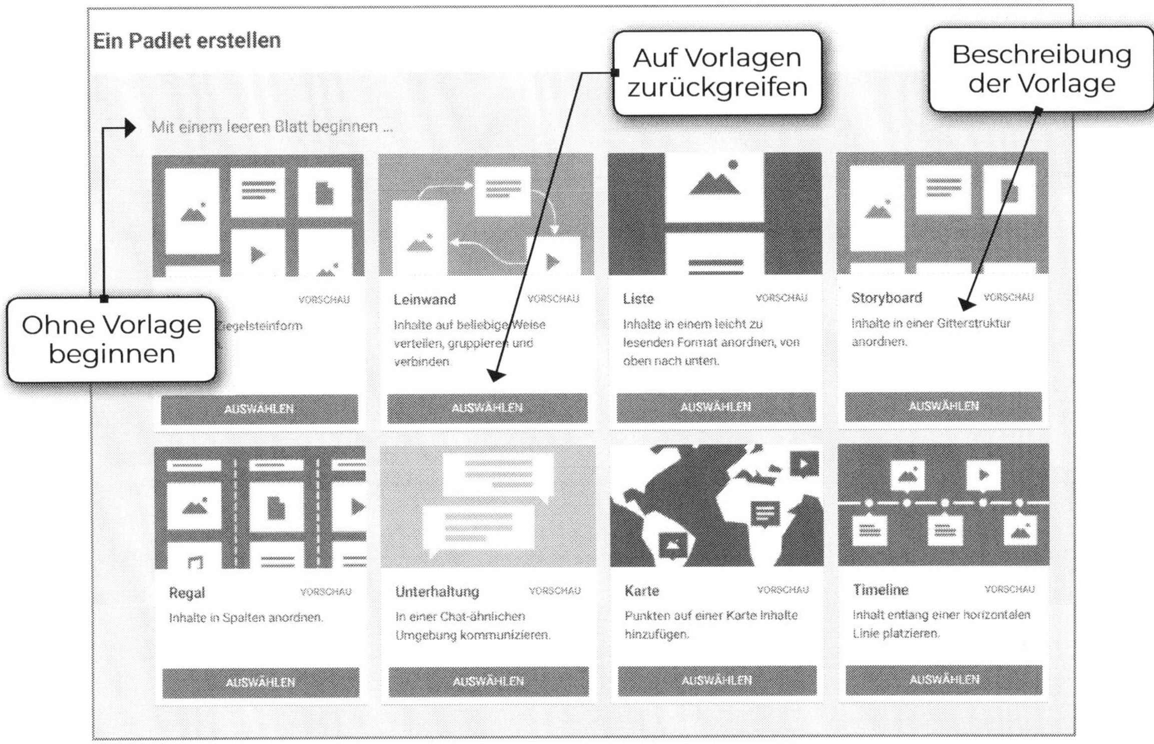
Ein Padlet erstellen
Auf Vorlagen zurückgreifen
Beschreibung der Vorlage
Mit einem leeren Blatt beginnen ...
Ohne Vorlage beginnen
VORSCHAU
Ziegelsteinform
AUSWÄHLEN
Leinwand
VORSCHAU
Inhalte auf beliebige Weise verteilen, gruppieren und verbinden.
AUSWÄHLEN
Liste
VORSCHAU
Inhalte in einem leicht zu lesenden Format anordnen, von oben nach unten.
AUSWÄHLEN
Storyboard
VORSCHAU
Inhalte in einer Gitterstruktur anordnen.
AUSWÄHLEN
Regal
VORSCHAU
Inhalte in Spalten anordnen.
AUSWÄHLEN
Unterhaltung
VORSCHAU
In einer Chat-ähnlichen Umgebung kommunizieren.
AUSWÄHLEN
Karte
VORSCHAU
Punkten auf einer Karte Inhalte hinzufügen.
AUSWÄHLEN
Timeline
VORSCHAU
Inhalt entlang einer horizontalen Linie platzieren.
AUSWÄHLEN

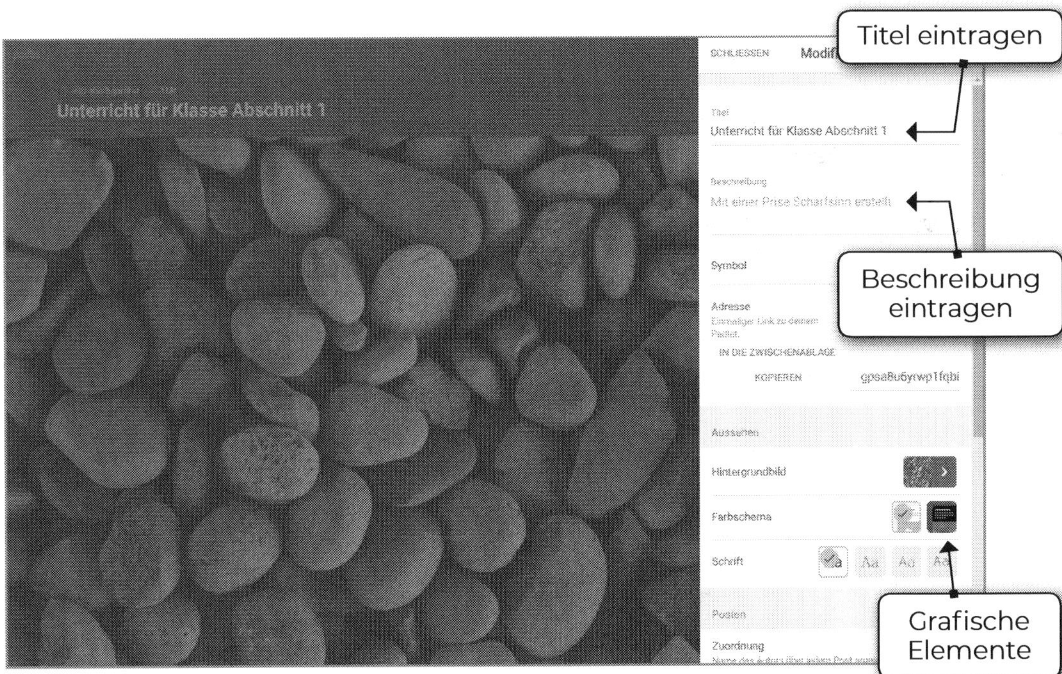
Unterricht für Klasse Abschnitt 1
SCHLIESSEN
Titel eintragen
Titel
Unterricht für Klasse Abschnitt 1
Beschreibung
Mit einer Prise Scharfsinn erstellt
Symbol
Beschreibung eintragen
Adresse
IN DIE ZWISCHENABLAGE KOPIEREN
gpsa8u6yrwp1fqbi
Aussehen
Hintergrundbild
Farbschema
Schrift
Posten
Zuordnung
Grafische Elemente

4.1
Tools zum Erstellen von Lehrmaterialien

Easel.ly

https://www.easel.ly/

Deutsch, Englisch

Windows, MacOS, iOS, Web

Kostenlose Basisversion
Für Bezahlversionen siehe
https://www.easel.ly/proaccount?utm_medium=homepage&utm_source=toppricing&utm_campaign=toppricing

Beschreibung:

Easel.ly ist ein einfaches Infografikprogramm, mit dem Sie jede Art von Informationen visualisieren können. Sie brauchen keine Kenntnisse in Raketenwissenschaft oder Design-Erfahrung, um mit diesem Tool Ideen, Konzepte, Berichte, Prozesse und Projekte darzustellen, die einfach zu verfolgen und inspirierend sind. Wir wissen, wie schnell die SchülerInnen der Informationen überdrüssig sind, die in einem langen Word-Dokument oder Powerpoint-Folien mit Dutzenden von Aufzählungszeichen präsentiert werden. Für dieses Problem ist Easel.ly die beste und einfachste Lösung.

Anwendungsmöglichkeiten:

1. Lern- und Lehrmaterialien

   Mit Easel.ly können Sie auf einfache Weise Zeitleisten, kommentierte Karten, Flussdiagramme, Poster, Ankündigungen, Anleitungen und alle anderen visuellen Anzeigen erstellen, die Daten oder Informationen zeigen, die visuell auffällig sind und den SchülerInnen helfen, Informationen zu behalten und das Unterrichtsverständnis zu fördern. Da es einfach zu bedienen ist, sparen LehrerInnen viel Zeit und Ressourcen bei der Erstellung visueller Hilfsmittel.

2. Kontinuierliche Zusammenarbeit

   Infografiken können über einen Link zur gemeinsamen Nutzung freigegeben und in Blog-Beiträge eingebettet werden, was die Zusammenarbeit mit KollegInnen und sogar SchülerInnen erleichtert. Die LehrerInnen können den Planungsprozess unter Einbeziehung der SchülerInnen durchgehen - was ihr Engagement erhöht - und können mit KollegInnen zusammenarbeiten, wenn es um Brainstorming und Unterrichtsplanung geht.

3. Alphabetisierungsstandards

   Easel.ly hilft SchülerInnen, kritisch über ein Thema oder eine komplexe Idee nachzudenken, indem es ihnen ermöglicht, Informationen zu organisieren und ihr Verständnis eines Themas auf kreative und logische Weise zu präsentieren.

Neue Vorlage erstellen
Eigene Arbeiten anzeigen
Meine Optiken
Meine Arbeit zeigen
Maßgeschneiderte Größe bestimmen
Design Service
No time? Let us help you
Blank Template
Add New Folder
Aus öffentlichen Vorlagen suchen
Öffentliche Optiken
Mehr als 2 Millionen Optiken kreiert
Suchen
Kategorie auswählen
Chat

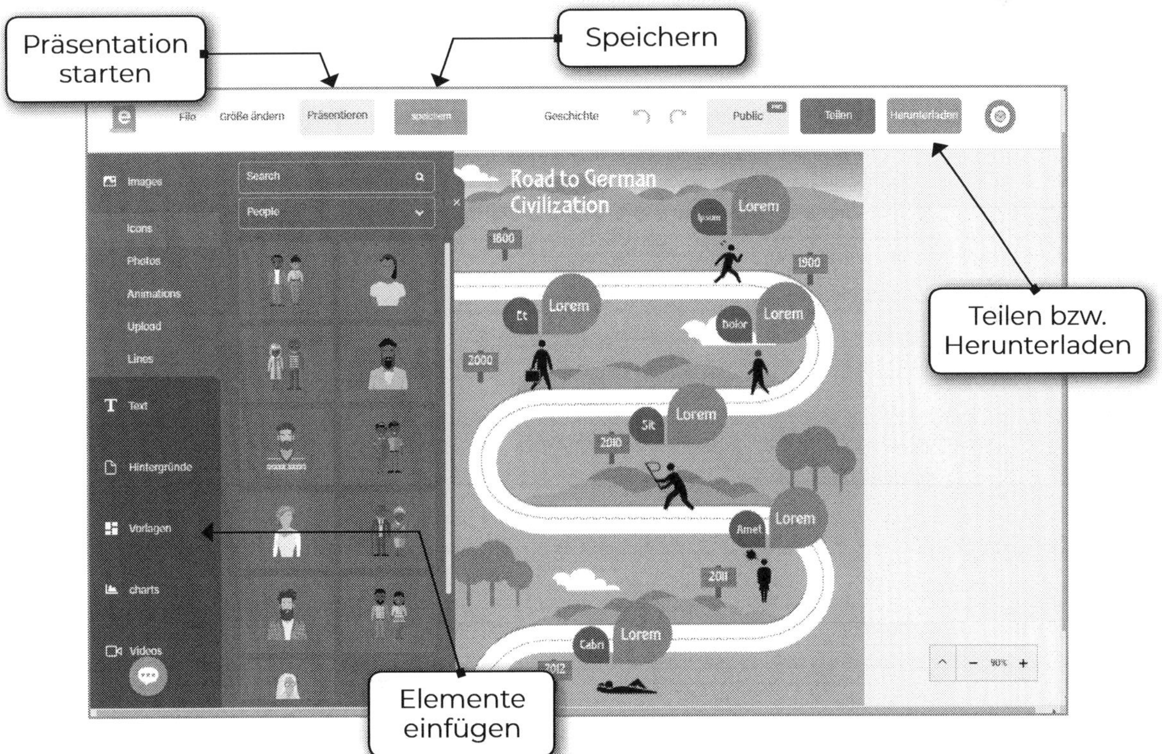

Präsentation starten
Speichern
File
Größe ändern
Präsentieren
speichern
Geschichte
Public
Teilen
Herunterladen
Images
Icons
Photos
Animations
Upload
Lines
Text
Hintergründe
Vorlagen
charts
Videos
Search
People
Road to German Civilization
Lorem
Teilen bzw. Herunterladen
Elemente einfügen

4.1
Tools zum Erstellen von Lehrmaterialien

Canva

https://www.canva.com/

Deutsch, Englisch

Windows, MacOS, Android, iOS

Kostenlos für Schüler und Lehrer
Für Bezahlversionen siehe:
https://www.canva.com/de_de/preise/

Beschreibung:

Canva ist ein hybrides Bildungsinstrument mit viel Potenzial. PädagogInnen können mit diesem Werkzeug in wenigen Minuten visuell ansprechende und nützliche Lehrmaterialien erstellen und den SchülerInnen präsentieren. Die SchülerInnen können damit neue Konzepte auf kreative und dennoch klare Weise organisieren. Canva bietet eine einfache Möglichkeit, fast alles mit der Drag-and-Drop-Technologie zu entwerfen, wodurch es für die SchülerInnen noch einfacher wird, sich visuelle Hilfsmittel selbst zu erstellen.

Anwendungsmöglichkeiten:

1. Zusammenarbeit und Teamwork

   Es ist nur natürlich, dass Sie sich von jemandem inspirieren lassen wollen, der Ihr Thema schon einmal behandelt hat. Canva macht es einfach, mit anderen PädagogInnen zusammenzuarbeiten, indem Sie Ihre und fremde Unterrichtspläne mit dem Rest der Gemeinschaft teilen. Sogar SchülerInnen können zusammenarbeiten und alles gemeinsam gestalten - von Präsentationen bis hin zu Postern.

2. Design-Denken

   Canva lässt die SchülerInnen experimentieren sowie Konzepte und Informationen organisieren und innovieren, um ihr Lernen besser zu visualisieren und aufzuzeichnen. Während SchülerInnen selbst Präsentationen für kooperatives Lernen oder Forschungsprojekte erstellen, können LehrerInnen diese Materialien zur Beurteilung ihres Lernprozesses verwenden.

3. Organisation

   Neben der Erstellung von Präsentationen, Klassenzimmerdekorationen, Infografiken, Diagrammen, Grafiken und Arbeitsblättern können LehrerInnen mit Canva auch ihre Unterrichtspläne und -berichte auf visuell ansprechende Weise organisieren.

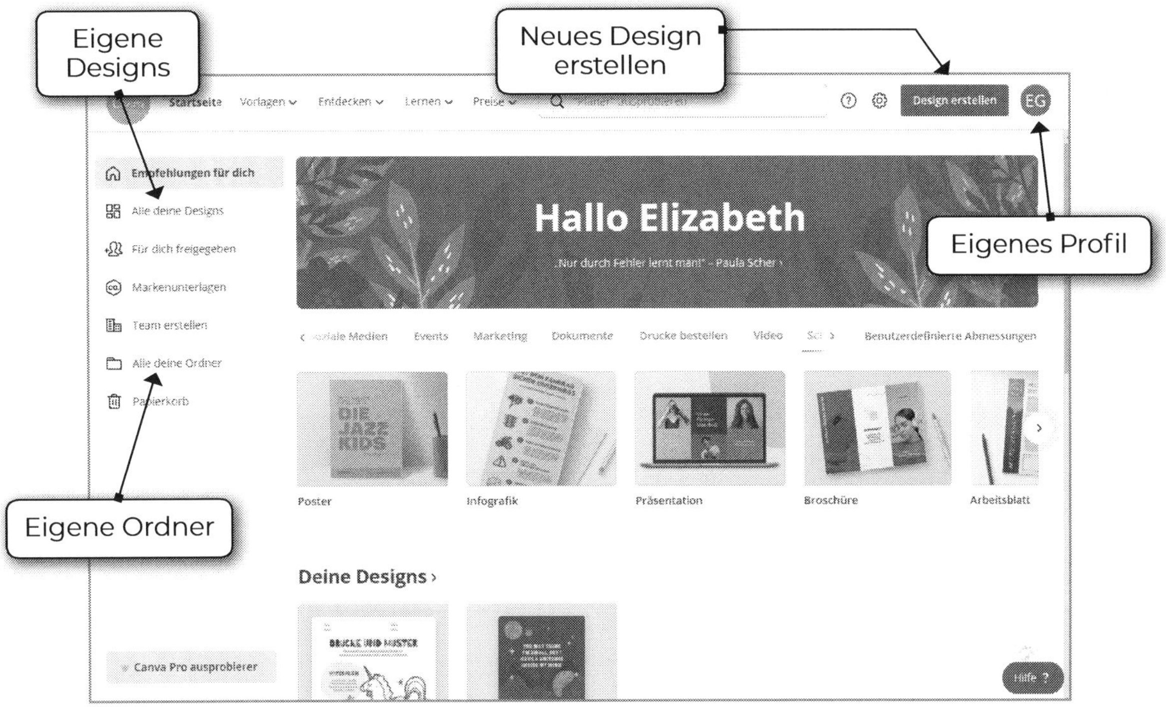
Eigene Designs
Neues Design erstellen
Startseite
Vorlagen
Entdecken
Lernen
Preise
Design erstellen
EG
Empfehlungen für dich
Alle deine Designs
Für dich freigegeben
Markenunterlagen
Team erstellen
Alle deine Ordner
Papierkorb
Hallo Elizabeth
„Nur durch Fehler lernt man!" – Paula Scher ›
Eigenes Profil
Events
Marketing
Dokumente
Drucke bestellen
Video
Benutzerdefinierte Abmessungen
Poster
Infografik
Präsentation
Broschüre
Arbeitsblatt
Eigene Ordner
Deine Designs ›
Canva Pro ausprobieren
Hilfe ?

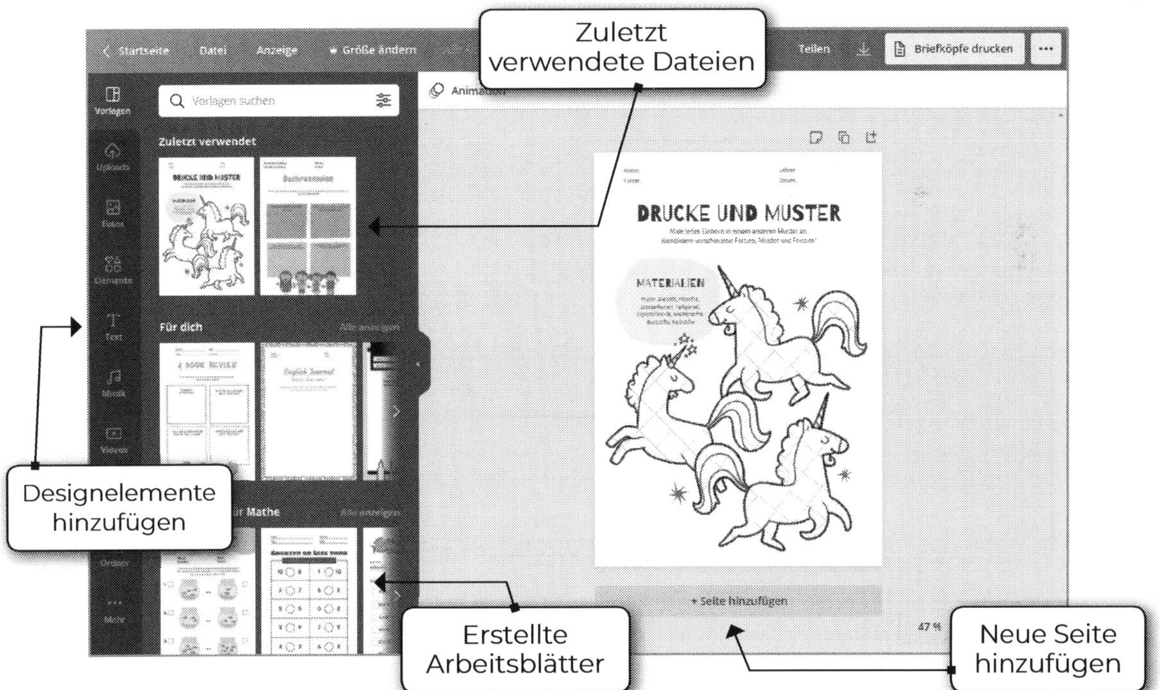
Startseite
Datei
Anzeige
Größe ändern
Zuletzt verwendete Dateien
Teilen
Briefköpfe drucken
Vorlagen
Vorlagen suchen
Animation
Zuletzt verwendet
DRUCKE UND MUSTER
MATERIALIEN
Für dich
Designelemente hinzufügen
+ Seite hinzufügen
Erstellte Arbeitsblätter
Neue Seite hinzufügen

4.1
Tools zum Erstellen von Lehrmaterialien

Wortwolken

https://www.wortwolken.com/

Deutsch, Englisch

Web

kostenlos

Beschreibung:

Wortwolken ist ein Online-Wortwolkengenerator und Tag Cloud Creator, mit dem Sie Grafiken aus beliebigem Text erstellen können. Er dient dazu, literarische Texte zu visualisieren oder zu analysieren. Indem Sie eine Textdatei von Ihrem Computer hochladen oder eine Wortliste direkt eingeben, können Sie die Wolke nun mit Formen, Themen, Farben und Schriftarten individuell gestalten.

Anwendungsmöglichkeiten:

1. Engagement und Verbindung

   LehrerInnen können Wortwolken nutzen, um in die erste Unterrichtswoche mit einer Eisbrecher-Frage einzutauchen. Sie können sogar Fragen einwerfen, die gemeinsame Erfahrungen, Meinungen und Emotionen zum Ausdruck bringen. Das hilft den SchülerInnen, sich über die Antworten ihrer Altersgenossen zu verbinden und miteinander in Beziehung zu treten.

2. Neue Perspektiven

   Eine Wortwolke ist ein Bild, das aus einem einfachen oder komplexen Text entsteht. Es bietet SchülerInnen eine neue Art, Texte zu sehen. Durch die Wirkung der Bilder, die durch Farbe, Schriftart und Gesamteffekte erzeugt wird, erhalten die SchülerInnen eine andere Sicht auf ihre Lektüre und einen tieferen Einblick in ihre Interaktion mit einem Text.

3. Bewertung

   LehrerInnen können die SchülerInnen herausfordern, Verständnis für ein komplexes Thema zu zeigen, indem sie es in einem einzigen Wort zusammenfassen. Dies ist ein einfacher und wirksamer Weg, um die Vertrautheit mit einem neuen Thema zu messen und über die vorherige Vorlesung nachzudenken.

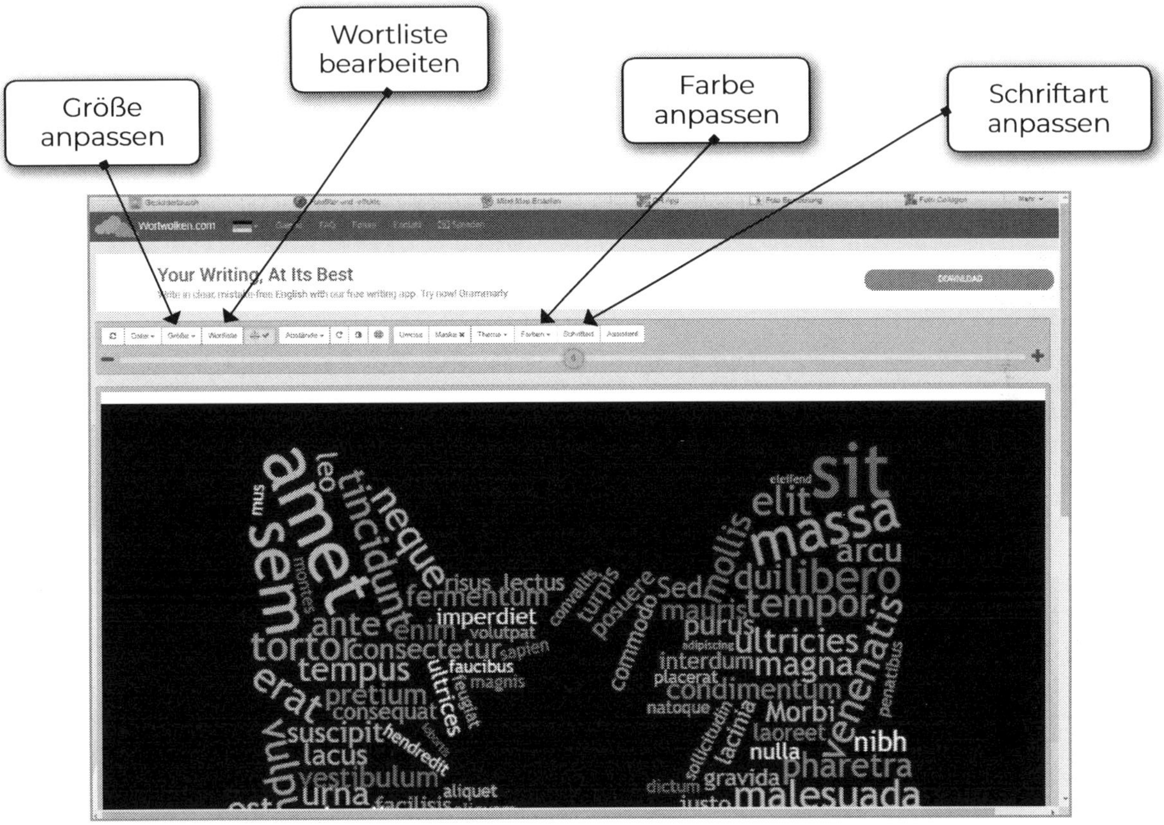
Größe anpassen
Wortliste bearbeiten
Farbe anpassen
Schriftart anpassen
Wortwolken.com
Your Writing, At Its Best
DOWNLOAD

Cometdocs

https://www.cometdocs.com/ccn

Deutsch, Englisch

Windows, Android, iOS, Web

Kostenlose Basisversion
Für Bezahlversionen siehe:
https://www.cometdocs.com/user/subscriptions

Beschreibung:

Cometdocs ist ein kostenloses Webtool, mit dem Sie Dokumente schnell in andere Formate umwandeln und mit anderen teilen können. Ein kurzer Blick auf die Benutzeroberfläche genügt, um zu erkennen, dass es intuitiv und einfach zu bedienen ist: Alles, was Sie tun müssen, ist das Ziehen und Ablegen von Dateien. Cometdocs ist eine praktische Gesamtlösung, die eine Installation komplexer Dateikonvertierungsprogramme überflüssig macht. Dateikonvertierungen umfassen die Konvertierung in und aus den Formaten PDF, Word, Excel, Bild und Text.

Anwendungsmöglichkeiten:

1. Lehr- und Lernmaterialien

   Cometdocs ist sehr nützlich, um heruntergeladene Arbeitsblätter nach Ihren Ansprüchen zu verändern, damit sie perfekt auf Ihre Klasse abgestimmt weden. Sie können Fragen verfeinern oder Anweisungen zu allgemeinen Arbeitsblättern hinzufügen, ohne das gesamte Dokument neu zu erfinden, was Ihnen eine Menge Zeit erspart. Es ist auch ein nützliches Hilfsmittel für Studierende, die Projekte oder Aufgaben bearbeiten wollen, die nur in bestimmten Formaten angeboten werden.

2. Zusammenarbeit

   Wenn Sie nach einer schnellen Möglichkeit suchen, Dateien für Ihre SchülerInnen freizugeben, können Sie diese einfach übertragen, indem Sie sie an eine E-Mail-Adresse senden, über eine private oder öffentliche URL freigeben oder indem Sie einfach auf die Schaltfläche "Freigeben" klicken. Auf diese Weise erhalten auch andere PädagogInnen Zugang, die Ihr Fachwissen zu einem Thema benötigen könnten. Falls Sie selbst andere Referenzen für Lehrmaterial brauchen, sind Ihnen öffentliche Dokumente, die von anderen geteilt werden, ebenfalls zugänglich.

3. Speicherung

   BenutzerInnen erinnern sich vielleicht aufgrund der kostenlosen Online-Konvertierungsdienste an Cometdocs, aber Cometdocs ist inzwischen in seinem Funktionsumfang größer geworden und bietet jetzt auch kostenlose Dokumentenverwaltungsdienste an. LehrerInnen müssen nie wieder befürchten, ihre Dateien zu vergessen, denn sie können die Speicheroption nutzen, um schnellen Zugriff auf alle Dokumente für jedes Fach oder jede Lektion zu haben.

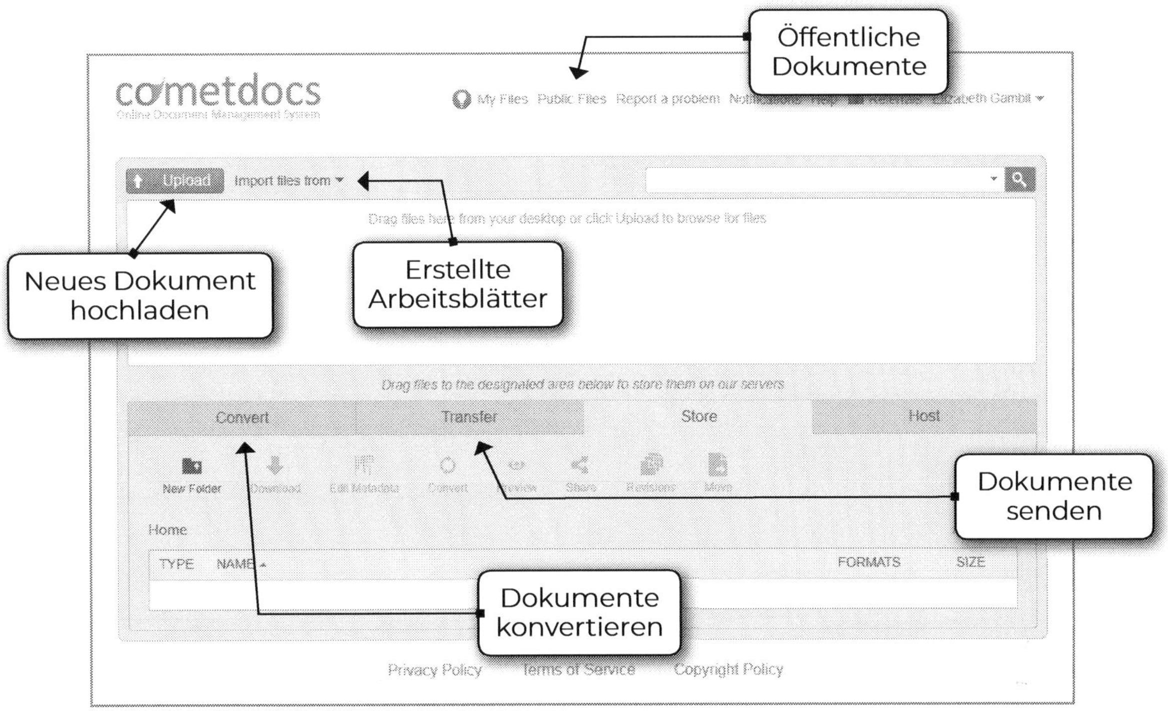
Öffentliche Dokumente
cometdocs
Online Document Management System
My Files
Public Files
Report a problem
Elizabeth Gambil
Upload
Import files from
Neues Dokument hochladen
Erstellte Arbeitsblätter
Drag files to the designated area below to store them on our servers
Convert
Transfer
Store
Host
New Folder
Download
Edit Metadata
Convert
Preview
Share
Revisions
Move
Dokumente senden
Home
TYPE
NAME
FORMATS
SIZE
Dokumente konvertieren
Privacy Policy
Terms of Service
Copyright Policy

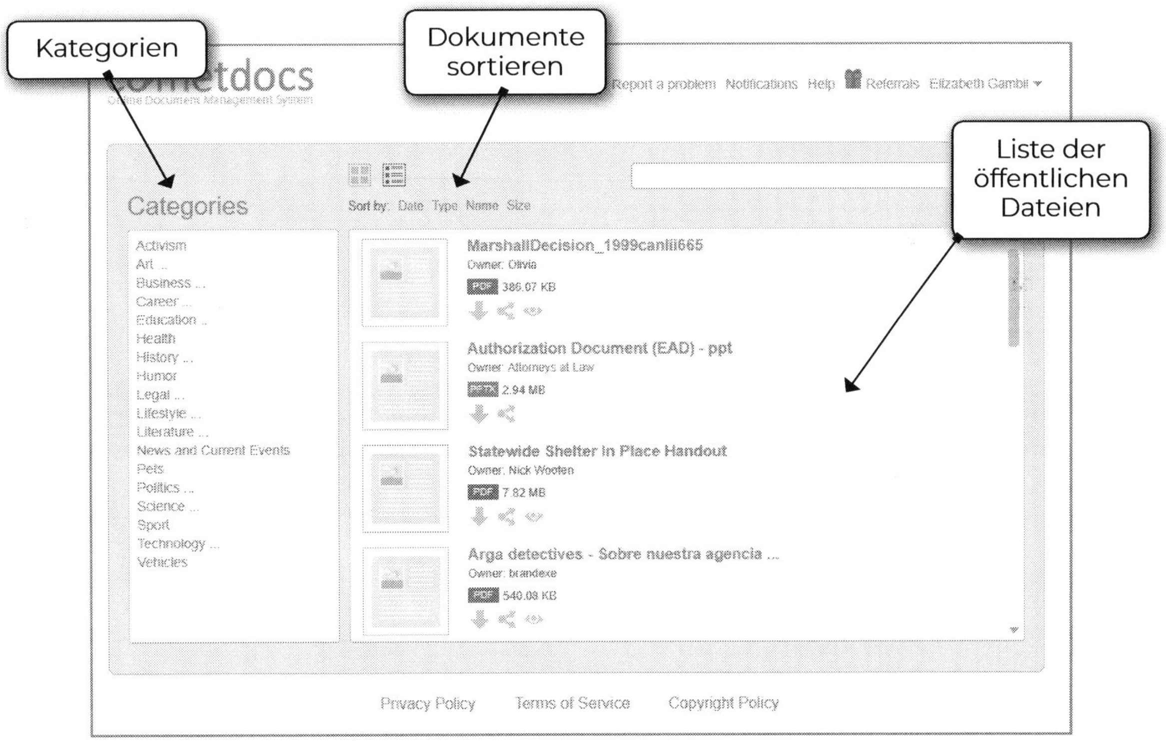
Kategorien
Dokumente sortieren
Report a problem
Notifications
Help
Referrals
Elizabeth Gambil
Liste der öffentlichen Dateien
Categories
Sort by: Date Type Name Size
Activism
Art ...
Business ...
Career ...
Education ...
Health
History ...
Humor
Legal ...
Lifestyle ...
Literature ...
News and Current Events
Pets
Politics ...
Science ...
Sport
Technology ...
Vehicles
MarshallDecision_1999canlii665
Owner: Olivia
PDF 386.07 KB
Authorization Document (EAD) - ppt
Owner: Attorneys at Law
PPTX 2.94 MB
Statewide Shelter In Place Handout
Owner: Nick Wooten
PDF 7.82 MB
Arga detectives - Sobre nuestra agencia ...
Owner: brandexe
PDF 540.08 KB
Privacy Policy
Terms of Service
Copyright Policy

4.1
Tools zum Erstellen
von Lehrmaterialien

Tutory

https://www.tutory.de/

Deutsch, Englisch

Mac, Windows, Web

Kostenlose Basisversion
Für Bezahlversionen:
https://www.tutory.de/preise

Beschreibung:

Dem Hauptziel verpflichtet, die tägliche Arbeit der LehrerInnen zu erleichtern, hilft Tutory dabei, mit wenigen Klicks visuell ansprechende Unterrichtsmaterialien zu erstellen. Es handelt sich dabei um einen Arbeitsblattgenerator, mit dem Sie Unterrichtsmaterialien erstellen, anpassen, organisieren und sowohl KollegInnen als auch SchülerInnen zur Verfügung stellen können.

Anwendungsmöglichkeiten:

1. Einfacher Arbeitsblatt-Generator

   Mit Tutory müssen Sie sich nicht ständig damit beschäftigen, Ihre Arbeitsblätter ansprechend und akzeptabel zu gestalten. Das Orientierungsraster stellt sicher, dass Sie Arbeitsblätter und Dokumente im Handumdrehen erstellen und anpassen können. Alle Elemente sind bereits grafisch vorbereitet, alles funktioniert per Drag & Drop.

2. Kollaborative Aktion

   LehrerInnen können leicht auf Arbeitsblätter zugreifen, die von anderen PädagogInnen erstellt wurden, wodurch der individuelle Aufwand für die Unterrichtsvorbereitung verringert und die Qualität des Unterrichts verbessert wird. Tutory macht es Ihnen auch leichter, Ihre Ideen dem Rest der Bildungsgemeinschaft zugänglich zu machen.

3. Sicher Sparen

   Tutory speichert automatisch Ihren Arbeitsstatus, solange Sie mit dem Internet verbunden sind, sodass Sie sich keine Sorgen machen müssen, wenn Sie vergessen haben, auf “Speichern” zu klicken oder wenn Ihr Computer unerwartet abstürzt. Sie können Ihre fertigen Dokumente auch ganz einfach mit einem Klick als PDF exportieren.

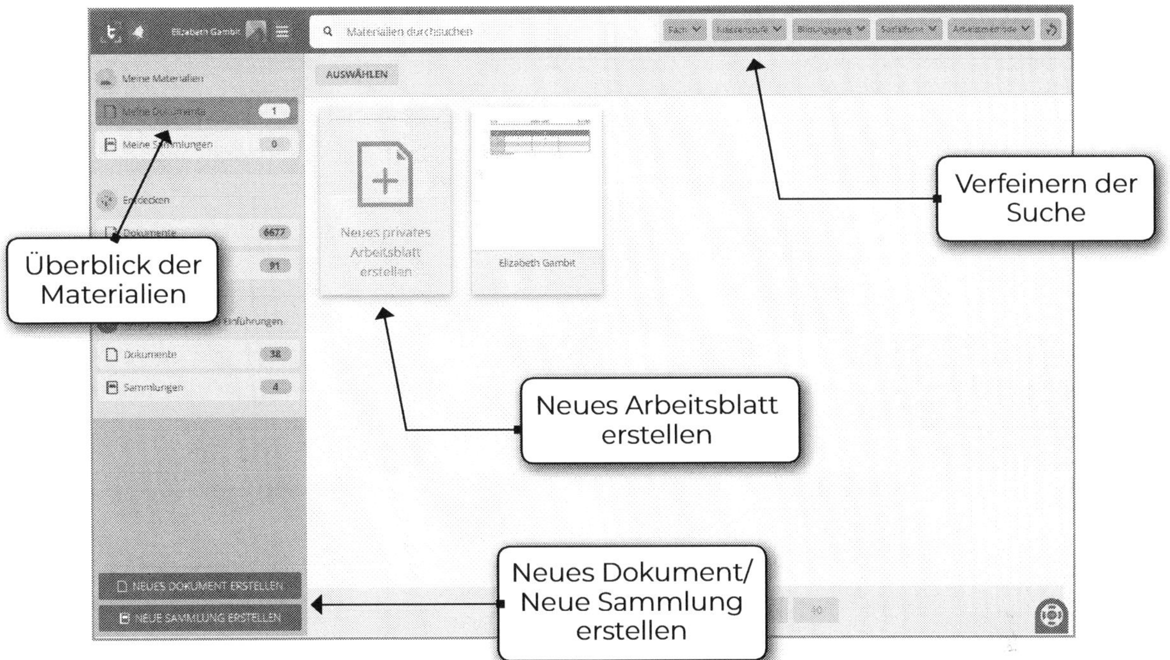
Überblick der Materialien
Verfeinern der Suche
Neues Arbeitsblatt erstellen
Neues Dokument/ Neue Sammlung erstellen
Materialien durchsuchen
AUSWÄHLEN
Neues privates Arbeitsblatt erstellen
NEUES DOKUMENT ERSTELLEN
NEUE SAMMLUNG ERSTELLEN

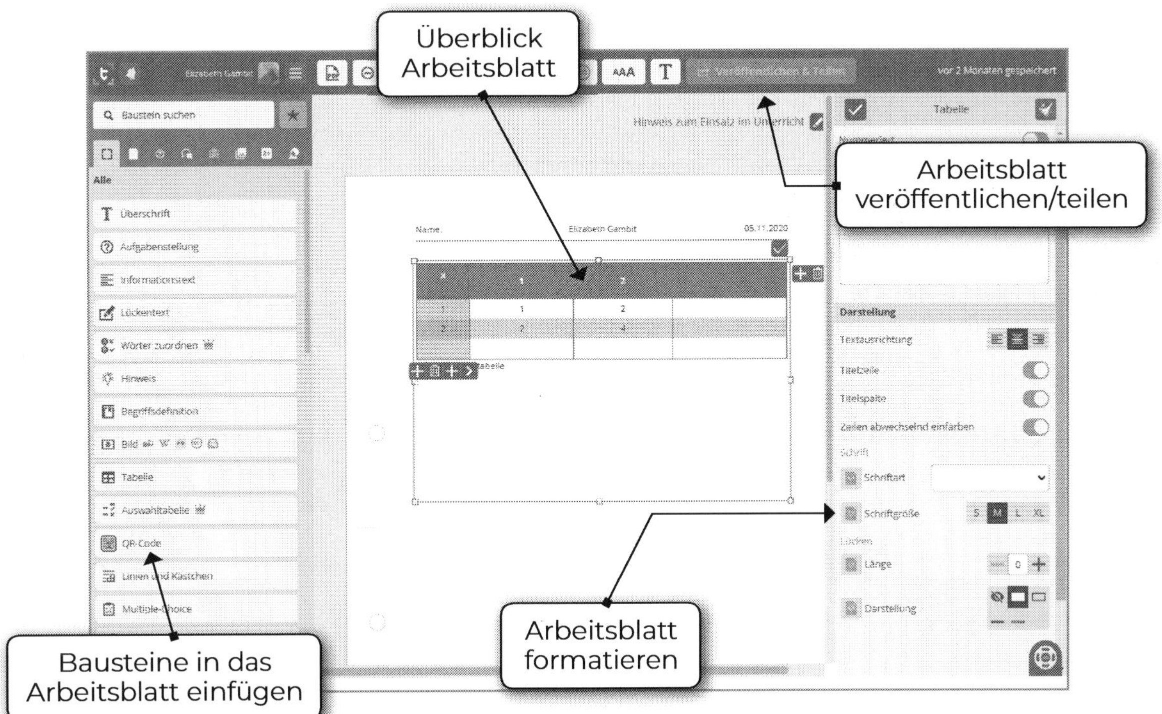
Überblick Arbeitsblatt
Arbeitsblatt veröffentlichen/teilen
Bausteine in das Arbeitsblatt einfügen
Arbeitsblatt formatieren
Überschrift
Aufgabenstellung
Informationstext
Lückentext
Wörter zuordnen
Hinweis
Begriffsdefinition
Bild
Tabelle
Auswahltabelle
QR-Code
Multiple-Choice
Darstellung
Textausrichtung
Titelzeile
Titelspalte
Zeilen abwechselnd einfärben
Schriftart
Schriftgröße

4.1
Tools zum Erstellen von Lehrmaterialien

Exammi

https://login.exammi.com/

Deutsch, Englisch

Web

kostenlos

Beschreibung:

Exammi ist eine kostenlose Plattform, die PädagogInnen die Möglichkeit bietet, Fragenpools anzulegen, Tests mit SchülerInnen durchzuführen und diese automatisch auszuwerten. Zu den Fragen können auch Bilder hochgeladen werden, sodass es für die SchülerInnen interessanter und unterhaltsamer wird. Das Beste daran ist, dass man kein Computergenie sein muss, um Dokumente ästhetisch ansprechend und professionell zu gestalten.

Anwendungsmöglichkeiten:

1. Einfach

   Durch einfache Eingabe von Fragen oder Einfügen von Texten, Bildern und Medien können Sie schnell professionelle Lernmaterialien, Tests und Aufgaben online erstellen, die auf die Bedürfnisse Ihrer Klasse zugeschnitten sind.

2. Flexibel

   Tests, Übungen und Aufgaben können problemlos online verteilt werden, was Zeit und Ressourcen spart. Die Tests können auch ausgedruckt werden, damit Sie als LehrerIn den Test auch in analoger Form durchführen können.

3. Entspannend

   Mit Exammi können Sie sich zurücklehnen und entspannen, während das Tool Ihre Arbeit für Sie erledigt. Sie können Tests korrigieren, offene Fragen anhand von Schlüsselwörtern bewerten, automatisch Noten ermitteln und sogar die Ergebnisse dokumentieren lassen.

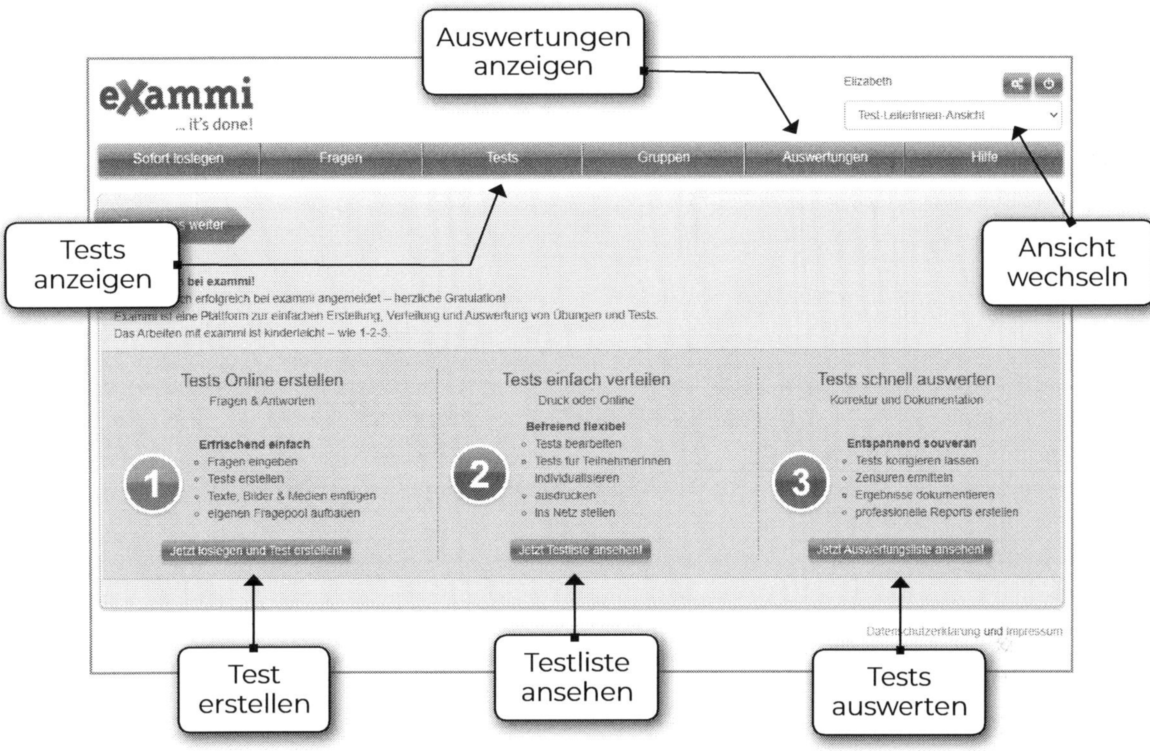
Auswertungen anzeigen
Tests anzeigen
Ansicht wechseln
Test erstellen
Testliste ansehen
Tests auswerten
exammi
... it's done!
Elizabeth
Test-LeiterInnen-Ansicht
Sofort loslegen
Fragen
Tests
Gruppen
Auswertungen
Hilfe
Tests Online erstellen
Fragen & Antworten
Erfrischend einfach
Fragen eingeben
Tests erstellen
Texte, Bilder & Medien einfügen
eigenen Fragepool aufbauen
Jetzt loslegen und Test erstellen!
Tests einfach verteilen
Druck oder Online
Befreiend flexibel
Tests bearbeiten
Tests für TeilnehmerInnen individualisieren
ausdrucken
ins Netz stellen
Jetzt Testliste ansehen!
Tests schnell auswerten
Korrektur und Dokumentation
Entspannend souverän
Tests korrigieren lassen
Zensuren ermitteln
Ergebnisse dokumentieren
professionelle Reports erstellen
Jetzt Auswertungsliste ansehen!
Datenschutzerklärung und Impressum

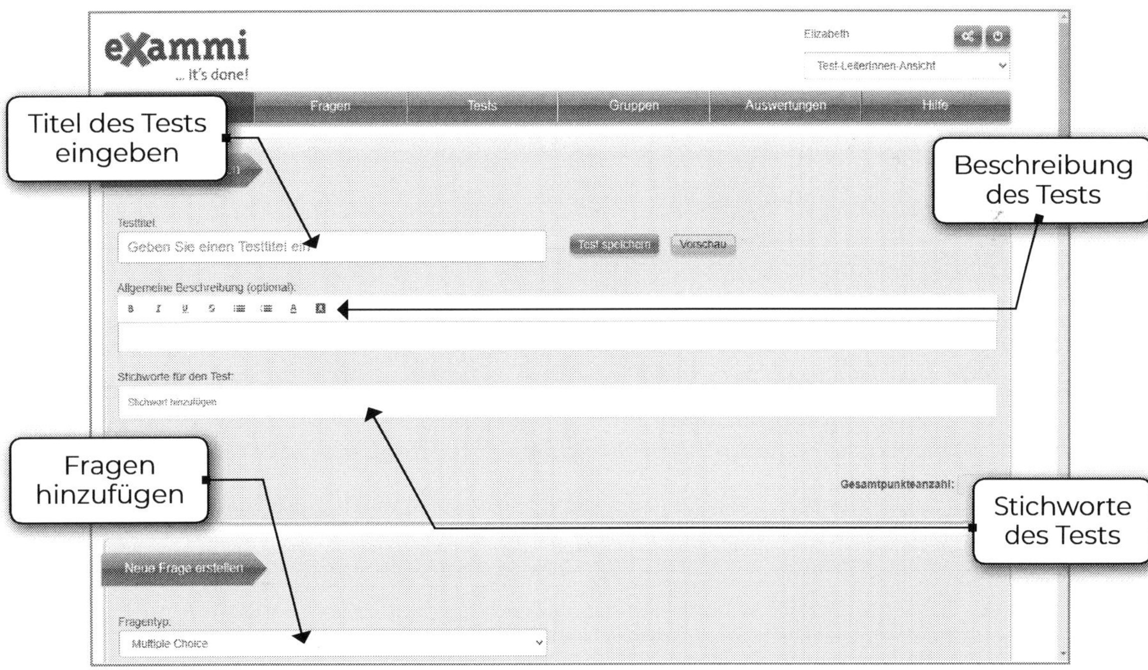
Titel des Tests eingeben
Beschreibung des Tests
Fragen hinzufügen
Stichworte des Tests
exammi
... it's done!
Elizabeth
Test-LeiterInnen-Ansicht
Fragen
Tests
Gruppen
Auswertungen
Hilfe
Testtitel
Geben Sie einen Testtitel ein
Test speichern
Vorschau
Allgemeine Beschreibung (optional)
Stichworte für den Test
Stichwort hinzufügen
Gesamtpunkteanzahl:
Neue Frage erstellen
Fragentyp
Multiple Choice

BookCreator

https://bookcreator.com/

Deutsch, Englisch

Windows, iOS, Web

Kostenlose Basisversion
Für Bezahlversionen siehe:
https://bookcreator.com/pricing/

Beschreibung:

BookCreator bietet Ihnen die einfachste Möglichkeit, erstaunliche E-Books zu erstellen. Lehrer und Schüler können ganz einfach ihre eigenen Bücher mit Bildern, Videos, digitalen Zeichnungen sowie Text- und Sprachaufnahmen erstellen. Lehrerinnen und Lehrer können eine Online-Bibliothek mit Arbeiten Ihrer SchülerInnen erstellen, Links in einen QR-Code kopieren und ihre digitalen Arbeiten ausstellen.

Anwendungsmöglichkeiten:

1. Förderung der Kreativität

   Die Comic-Beiträge sind ausgezeichnet. Sie umfassen verschiedene lautmalerische Aufkleber im Comic-Stil, Bildunterschriften und Sprechblasen, die leicht hinzugefügt werden können, sodass die SchülerInnen beim Lernen Spaß haben. Visuelle Schritte und Eingabeaufforderungen können besonders für diejenigen wichtig sein, die Schwierigkeiten haben, Konzepte zu verstehen.

2. Bewertungswerkzeug

   Lehrkräfte können BookCreator verwenden, um beim geführten Lesen zu helfen. Mit seiner einfachen und benutzerfreundlichen Oberfläche können Sie sogar Ihre SchülerInnen auffordern, ihre Lektionen zu dokumentieren und ihre eigenen digitalen Bücher zu erstellen. Auf diese Weise können Sie ihr Leseverständnis und ihren Lernprozess gleichzeitig beurteilen.

3. Verfügbar und flexibel

   BookCreator revolutioniert Arbeitsabläufe und Engagement im Klassenzimmer. Sie können Ihren Browser auf einen Monitor oder Beamer projizieren, der eine ansprechende Präsentation liefert oder Ihr Buch in eine PDF-Datei oder ein Video exportieren, das in sozialen Medien veröffentlicht werden kann.

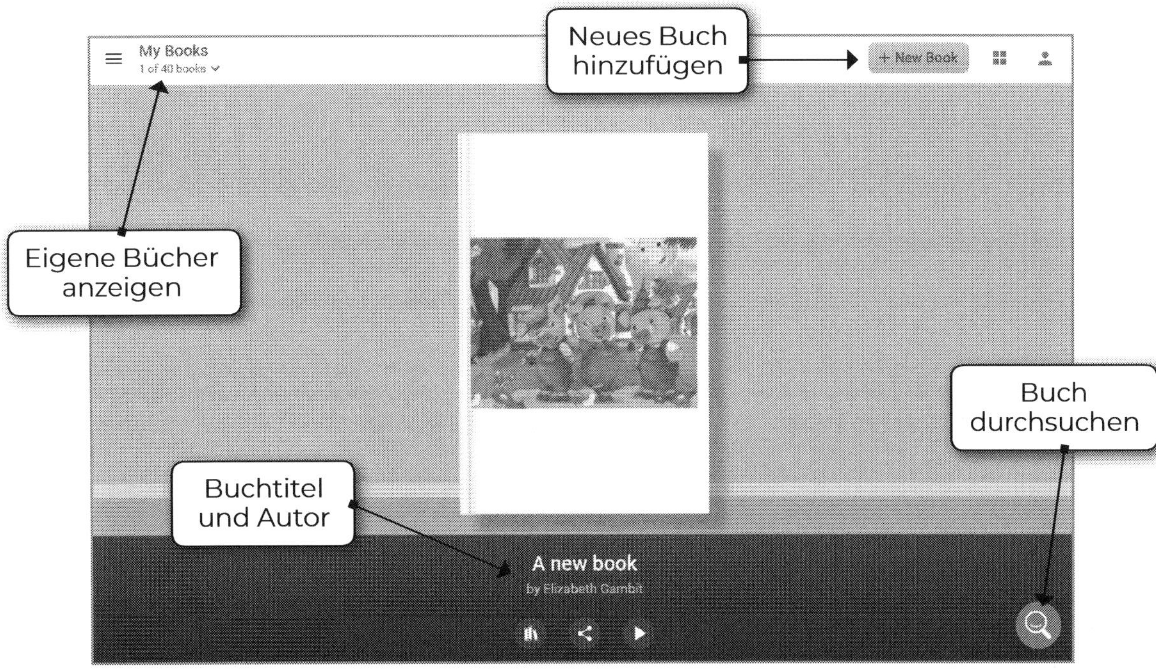
Neues Buch hinzufügen
My Books
1 of 40 books
+ New Book
Eigene Bücher anzeigen
Buch durchsuchen
Buchtitel und Autor
A new book
by Elizabeth Gambit

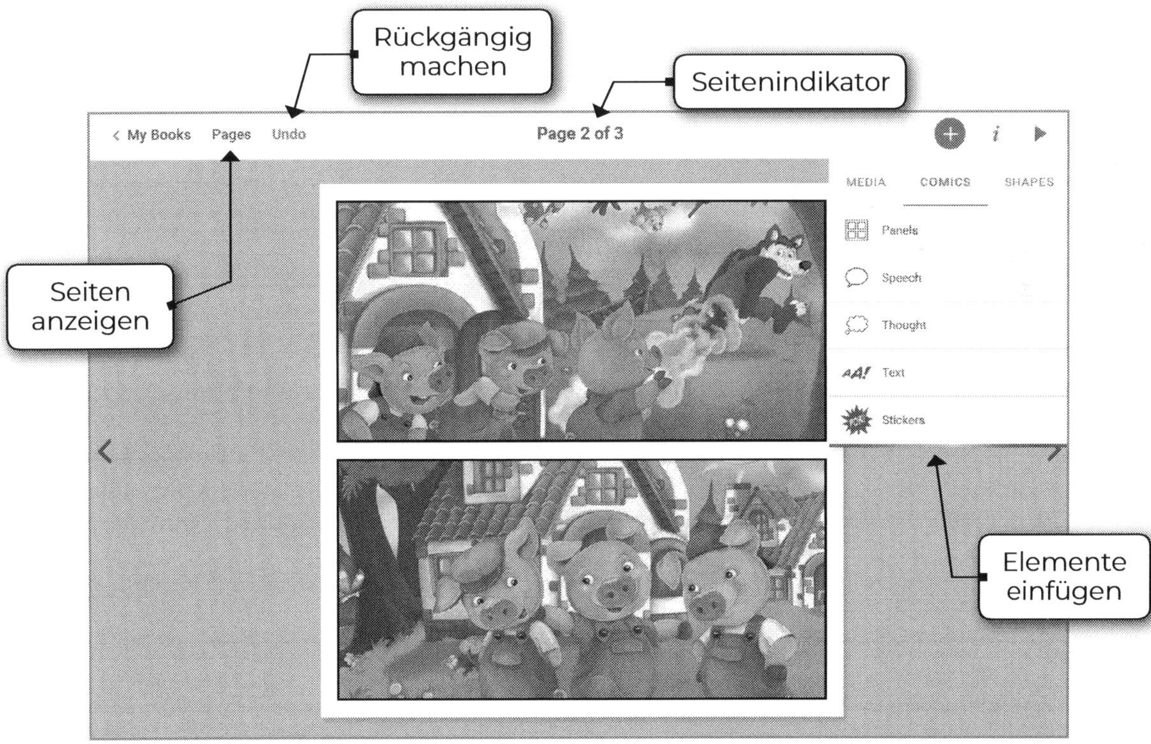
Rückgängig machen
Seitenindikator
My Books
Pages
Undo
Page 2 of 3
MEDIA
COMICS
SHAPES
Panels
Speech
Thought
Text
Stickers
Seiten anzeigen
Elemente einfügen

4.2 Tools für das Präsentieren

Bei einer gelungenen Präsentation ergänzen digitale Präsentationstechniken einen aufschlussreichen Vortrag. Dadurch werden den Schülern Unterrichtsinhalte veranschaulicht und dadurch leichter zugänglich gemacht. Wenn eine Gefahr in der Anwendung besteht, dann darin, den vielfältigen Möglichkeiten der verschiedenen Apps zu erliegen und sie so überladen zu präsentieren, dass sie von den eigentlichen Unterrichtsinhalten ablenken statt sie zu unterstützen.

Darüber hinaus sind einige Tools in der Lage, Unterrichtsmaterial von Notizen und Skizzen bis zu Audioaufnahmen für eine spätere Präsentation zu speichern und zu verwalten. LehrerInnen und SchülerInnen arbeiten dann, wenn es erforderlich ist, daran weiter. Andere Apps machen aufgrund bereits gespeicherter Inhalte selbstständige Vorschläge zu passenden Daten und Bildern. Ebenfalls eine andere Art, eine Präsentation vorzubereiten, könnte das Sammeln von Notizen an einer virtuellen Pinnwand sein. Den größtmöglichen Kontrast zu einer herkömmlichen Präsentation bildet ein Webtool, das aus Folien animierte Videos entstehen lässt - dies allein auf Grundlage von importierten Bildern, gesammelten Daten und Audiokommentaren des Benutzers.

Diese Apps und Programme sind keine Zukunftsvisionen, sondern bereits existierende und weiter ausbaufähige Tools für einen modernen Unterricht.

Prezi

https://prezi.com/de/

Deutsch, Englisch

Windows, Mac, Android, iOS

Kostenlose Basisversion
Für Bezahlversionen siehe:
https://prezi.com/upgrade/edu/next/

Beschreibung:

Prezi ist ein Präsentationen-rsteller, der über einen einzigartigen Stil und besondere Funktionen verfügt. Das Tool ermöglicht es Lehrkräften, eine auffällige Online-Präsentation mit Texten, Audios, Bildern und Videos zu erstellen und bestimmte Bereiche zu vergrößern oder zu verkleinern. Sie können eine große Menge an Inhalten (z. B. in einem umfangreichen Projekt) mit ihren unterstützenden Informationen grafisch anordnen. LehrerInnen können mit der Funktion "Teilen" in Echtzeit gemeinsam an einem Prezi mitarbeiten.

Anwendungsmöglichkeiten:

1. Visuelle Darstellung

   Prezi fördert ein visuelles Bild zur Darstellung der gesamten Information, während der 3D-Zoom-Effekt die Bedeutung bestimmter Themen hervorhebt. Das Tool verfügt auch über eine Verhältnisfunktion, mit der Sie eine Vorschau Ihres Prezi in verschiedenen Zusammenhängen sehen können, bevor Sie es präsentieren.

2. Schwarzer Bildschirm

   Wenn Sie möchten, dass Ihre ZuhörerInnen sich kurzzeitig auf Sie konzentrieren sollen anstatt auf Ihre Präsentation, dann hat Prezi auch hierfür eine Funktion: Wenn Sie in Ihrer Präsentation die Taste 'B' drücken, wird der Bildschirm kurzzeitig schwarz, wodurch der Fokus auf Sie verlagert wird.

3. Engagement

   Prezi erlaubt es Ihnen mit seinen Möglichkeiten auch, das Engagement Ihrer SchülerInnen in der Klasse zu erhöhen. Das Programm kann für Schnitzeljagden, als Turnier-Anzeigetafel oder sogar dazu verwendet werden, ein Spiel zu rezensieren.

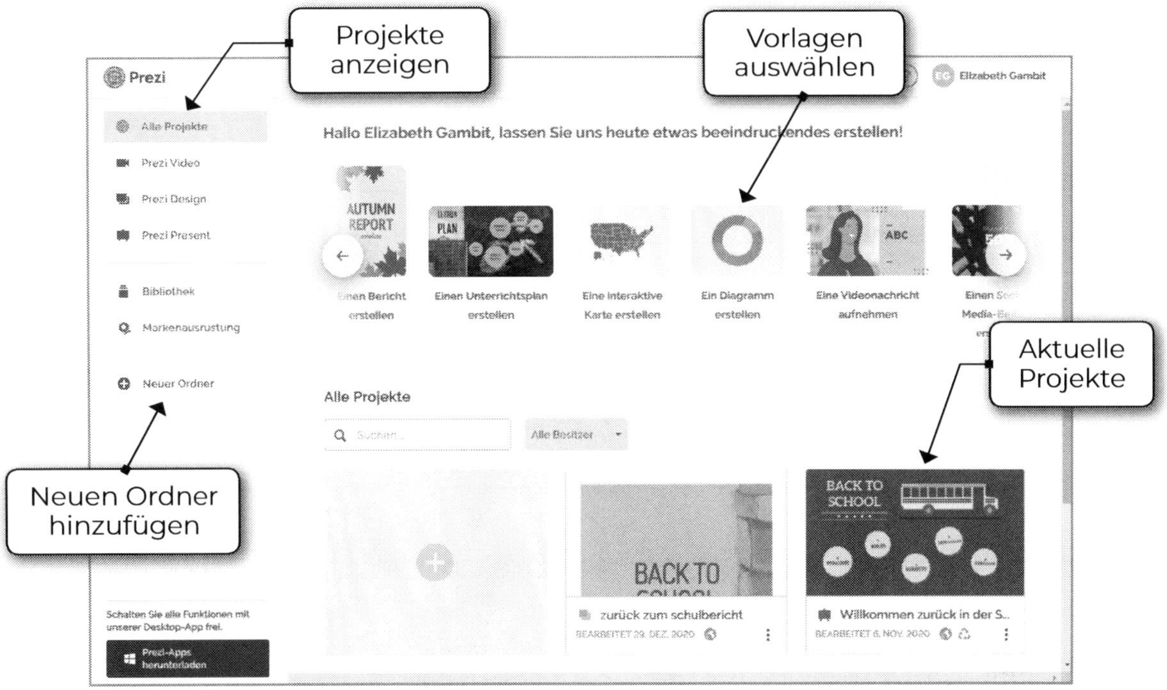
Projekte anzeigen
Vorlagen auswählen
Aktuelle Projekte
Neuen Ordner hinzufügen
Prezi
Elizabeth Gambit
Alle Projekte
Prezi Video
Prezi Design
Prezi Present
Bibliothek
Markenausrustung
Neuer Ordner
Hallo Elizabeth Gambit, lassen Sie uns heute etwas beeindruckendes erstellen!
Einen Unterrichtsplan erstellen
Eine interaktive Karte erstellen
Ein Diagramm erstellen
Eine Videonachricht aufnehmen
Alle Projekte
zurück zum schulbericht
Willkommen zurück in der S...
Schalten Sie alle Funktionen mit unserer Desktop-App frei.
Prezi-Apps herunterladen

Einstellungsoptionen
Element einfügen
Folien formatieren
zurück zum schulbericht
Element hinzufügen
Zeitleisten
Notizen
Beschreibungen
Flussdiagramme
Diagramme
BACK TO SCHOOL
Textobjekt
Animation hinzufügen

4.2
Tools für das Präsentieren

OneNote

https://onenote.com

Deutsch, Englisch

Windows, Mac, Android, iOS

Kostenpflichtig
Mehr Informationen unter:
https://www.microsoft.com/en-us/microsoft-365/buy/compare-all-microsoft-365-products

Beschreibung:

OneNote ist ein flexibles Tool, das die Erstellung und den Austausch von Inhalten innerhalb des Klassenzimmers ermöglicht. Da es digital ist, können Sie auch Bilder einfügen, Texte mit Hyperlinks versehen, Video und Audio einbetten und Zeichnungen hinzufügen. Es besitzt auch eine Funktion für Klassennotizen, mit der Sie ein ganzes Notizbuch für sich selbst erstellen, einzelne Notizbücher für Ihre Lernenden einrichten und sie anschließend alle zusammenbinden können.

Anwendungsmöglichkeiten:

1. Präsentation

   Obwohl OneNote primär für die Erstellung schriftlicher Inhalte bekannt ist, kann es auch zur Erstellung ausgefeilter Präsentationen verwendet werden. Mit Hilfe eines Projektors können Sie in der Klasse ein Brainstorming durchführen oder eine Lektion diskutieren. Die Funktion "Stift als Zeiger verwenden" ermöglicht es Ihnen sogar, einen bestimmten Punkt hervorzuheben, ohne einen Laserpointer mit sich herumtragen zu müssen.

2. Materialien organisieren

   LehrerInnen können Unterrichtspläne, Aktivitäten und unterstützende Materialien an einem Ort organisieren. Von Skizzen bis hin zu Audioaufnahmen kann alles gespeichert, organisiert und gemeinsam genutzt werden. Mit OneNote Class Notebook können LehrerInnen mit den individuellen Notizbüchern ihrer SchülerInnen interagieren, Räume für die Zusammenarbeit bereitstellen und ihre eigenen Inhaltsbibliotheken gemeinsam nutzen.

3. Forschung mit Notizen

   Mit der Funktion "Digitale Tinte" können LehrerInnen und SchülerInnen handschriftliche Notizen oder Skizzen hinzufügen. Außerdem können die SchülerInnen Notizen miteinander vergleichen, und LehrerInnen können den SchülerInnen verschiedene Stufen ihrer selbst geführten Notizen zur Verfügung stellen.

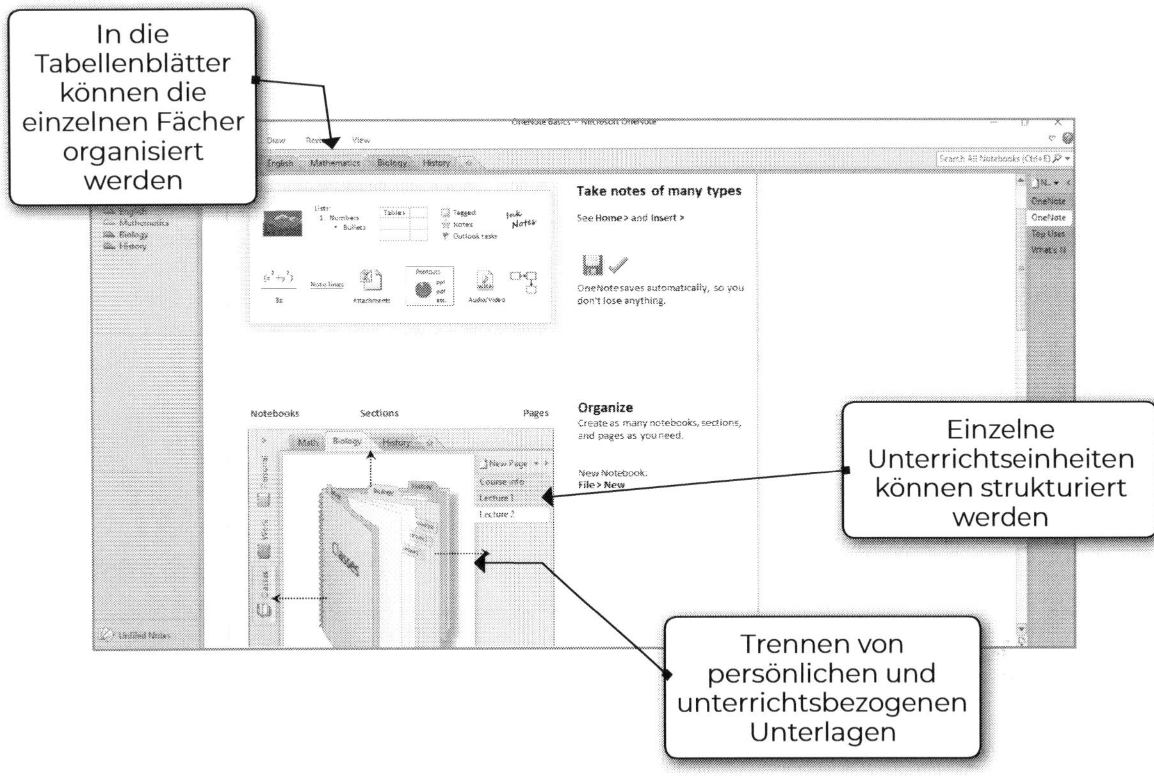
In die Tabellenblätter können die einzelnen Fächer organisiert werden
Take notes of many types
See Home > and Insert >
OneNote saves automatically, so you don't lose anything.
Organize
Create as many notebooks, sections, and pages as you need.
New Notebook: File > New
Einzelne Unterrichtseinheiten können strukturiert werden
Trennen von persönlichen und unterrichtsbezogenen Unterlagen

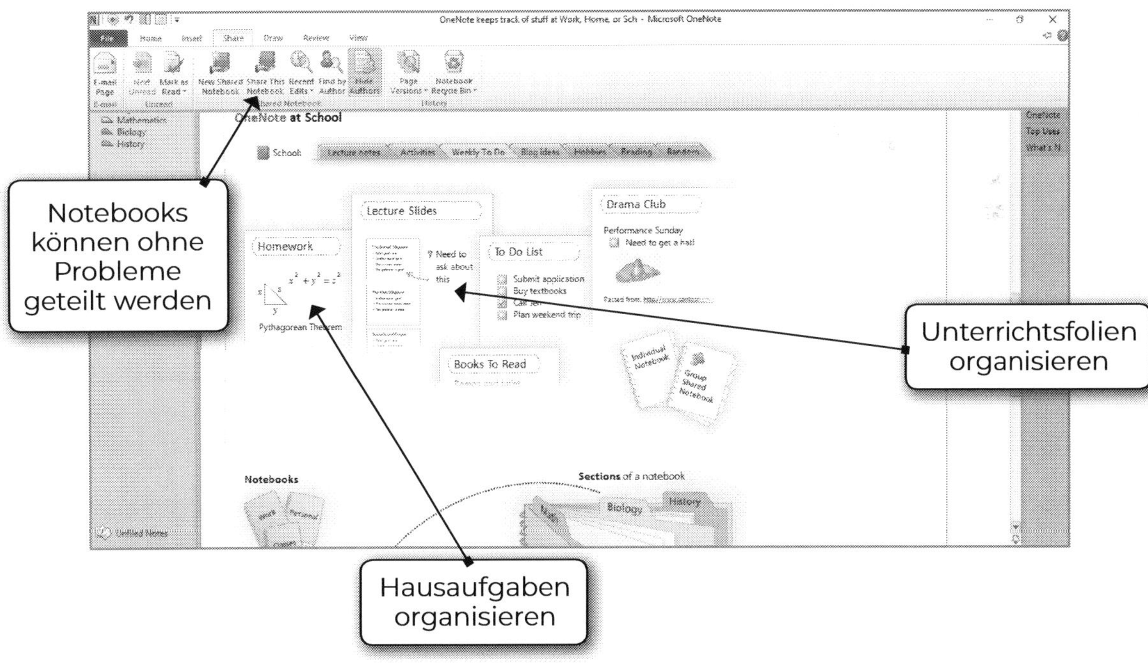
OneNote at School
Notebooks können ohne Probleme geteilt werden
Homework
Lecture Slides
To Do List
Drama Club
Books To Read
Unterrichtsfolien organisieren
Hausaufgaben organisieren

4.2

Tools für das Präsentieren

Microsoft Sway

https://sway.office.com/

Deutsch, Englisch

Windows, Mac, Web

kostenlos

Beschreibung:

Mit Microsoft Sway ist es einfach, interaktive Berichte, persönliche Geschichten, Präsentationen und vieles mehr visuell zu organisieren und gemeinsam zu nutzen. LehrerInnen können ihre Sway-Inhalte von Grund auf neu, aus einer Vorlage heraus oder aus einer vorhandenen Datei, z. B. einer in Word erstellten Gliederung, erstellen. Der Inhalt wird dann in Abschnitte (sogenannte Karten) gegliedert, die einfach per Drag & Drop verschoben werden können, um die Informationen neu zu ordnen. Sie können dieses Tool auch zur Erstellung von Elternbriefen verwenden und den Link an die Eltern weitergeben, um sie auf dem Laufenden zu halten und über das Geschehen im Klassenzimmer zu informieren.

Anwendungsmöglichkeiten:

1. Erstellen von Präsentationen

   Mit Sway können Sie nicht nur Präsentationen erstellen. Es organisiert auch den Inhalt, schlägt Bilder und Daten vor und hilft Ihnen dabei, alles schnell zu einem umfassenden und vollwertigen Projekt zusammenzustellen. Präsentationen können mit abwesenden SchülerInnen geteilt werden, damit sie keinen Inhalt verpassen.

2. Anzahl der Betrachter

   Eine interessante Funktion von Sway ist es zu sehen, wie viele Personen Ihre Datei angesehen haben. Dies ist wichtig, weil es Ihnen ermöglicht zu prüfen, wie viele Ihrer SchülerInnen auf das Lernmaterial zugegriffen haben.

3. Anwenderfreundlich

   Die Studierenden können Buchbesprechungen, digitale Portfolios oder sogar wissenschaftliche Laborberichte gemeinsam mit anderen Studierenden in Echtzeit erstellen. Lehrkräfte können eine Galerie dieser Dokumente in einer Ressourcenbibliothek erstellen, in der die SchülerInnen jederzeit auf die Inhalte zugreifen können.

Formatvorlagen
Optionen
Farben, Typografie, Texturen anpassen
Sway
Storyline
Design
Wiedergeben
Teilen
Formatvorlagen
Zufälliges Design
Vertikal
Horizontal
Folien
title for the
summary of a do
-it-yourself
project

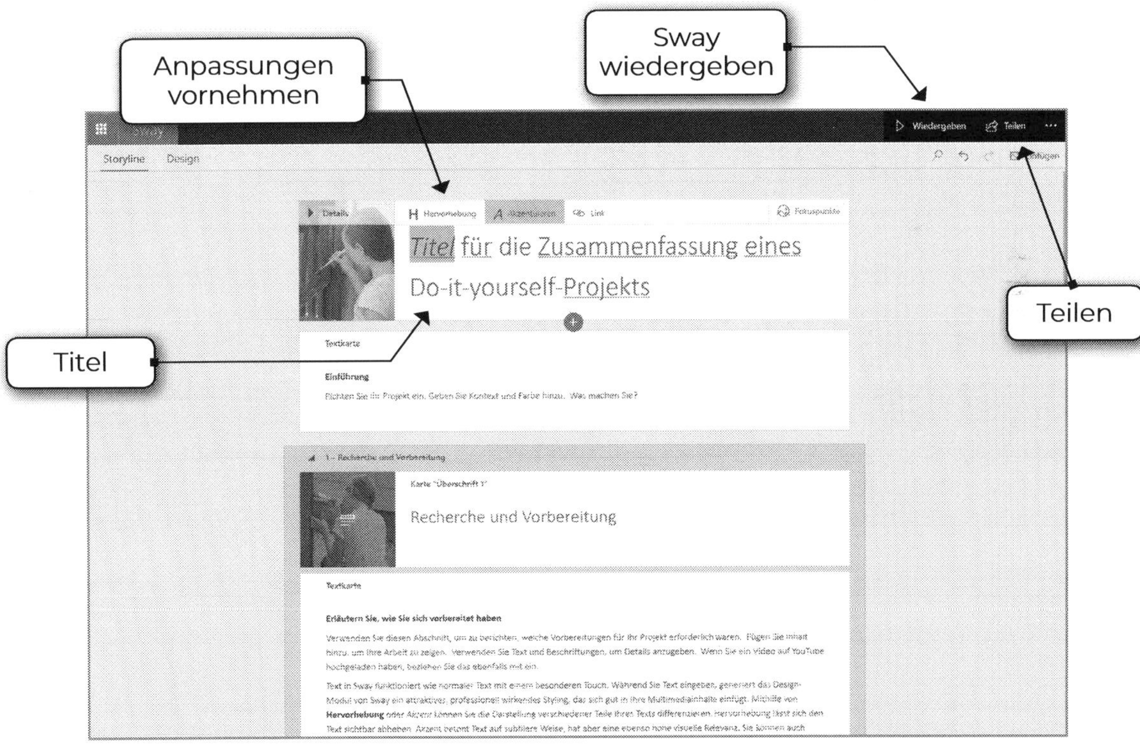
Anpassungen vornehmen
Sway wiedergeben
Teilen
Titel
Storyline
Design
Wiedergeben
Teilen
Titel für die Zusammenfassung eines Do-it-yourself-Projekts
Textkarte
Einführung
Recherche und Vorbereitung
Erläutern Sie, wie Sie sich vorbereitet haben

4.2

Tools für das Präsentieren

Adobe Spark

https://spark.adobe.com/de-DE/

Deutsch, Englisch

Windows, Mac, Android, iOS

Kostenlose Basisversion
Für Bezahlversion siehe:
https://spark.adobe.com/de-DE/pricing/

Beschreibung:

Adobe Spark ist eine kreative Online-Anwendung und integrierte Storytelling-Plattform, die Präsentationswerkzeuge speziell für den Bildungsbereich bietet. Lehrkräfte können mit Spark Lernmaterialien erstellen, die als Aufmerksamkeitsförderer dienen. Dieses Tool ist cloudbasiert, sodass Sie ein Projekt im Klassenzimmer beginnen und es dann überall zu Ende bringen können.

Anwendungsmöglichkeiten:

1. Adobe Spark Post

   Post ermöglicht es Lehrenden, Ideen und Konzepte in dynamische Grafiken umzusetzen. In Minutenschnelle können Sie eine sehr eindrucksvolle Grafik wie z. B. einen Klassenlehrplan, eine Aufgabenvorlage oder Berichte ohne jegliche Bildbearbeitungssoftware zusammenstellen. Sie können sie entweder online freigeben oder die Bilddatei auf Ihr Gerät herunterladen.

2. Adobe Spark Page

   Page ermöglicht es Lehrkräften, ihre schriftlichen Arbeiten in eine interaktive und visuell ansprechende Online-Webseite zu formatieren, die Elemente eines E-Books und einer Folienpräsentation enthält. LehrerInnen können ihre Lektionen oder Übungen in eine ihnen digital entsprechende Webseite umwandeln.

3. Adobe Spark Video

   Mit Video können Sie Bilder, Audio- und Videoclips und Icons in wenigen Minuten zu einem schönen, gemeinsam nutzbaren Film kombinieren. Sie benötigen keine Erfahrung im Videoschnitt, um überzeugende, selbstgesteuerte Lernvideos für Ihre Studierenden, eine Präsentation oder einen Bericht zu erstellen.

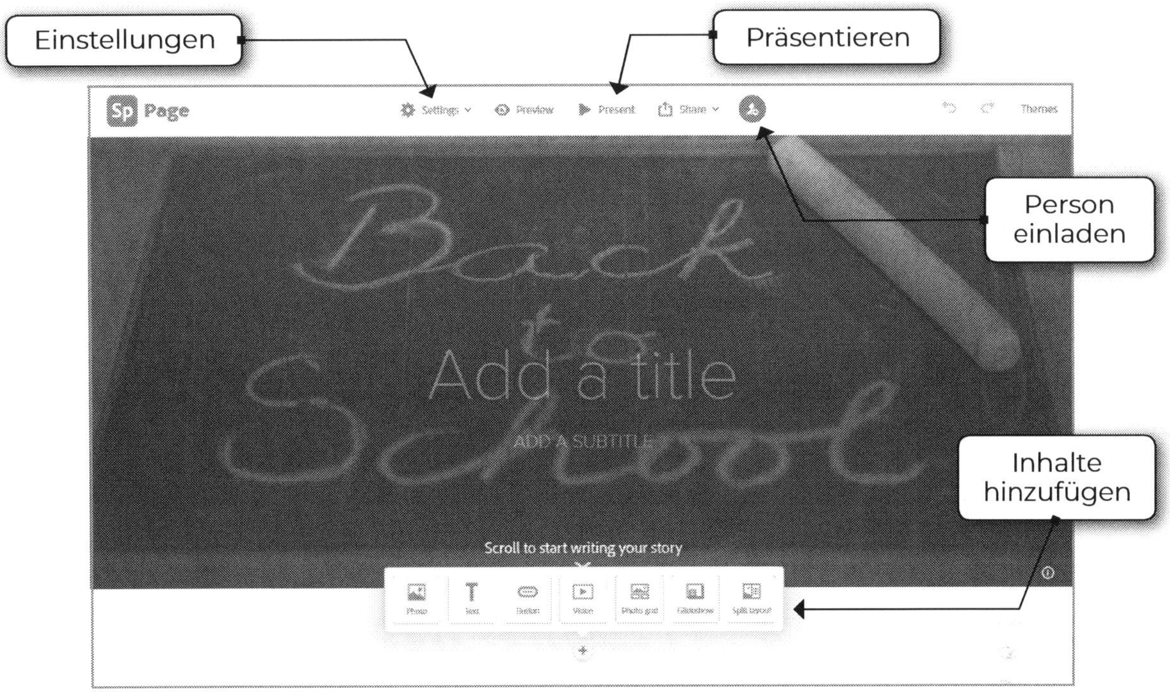
Einstellungen
Präsentieren
Page
Settings
Preview
Present
Share
Themes
Person einladen
Add a title
ADD A SUBTITLE
Inhalte hinzufügen
Scroll to start writing your story

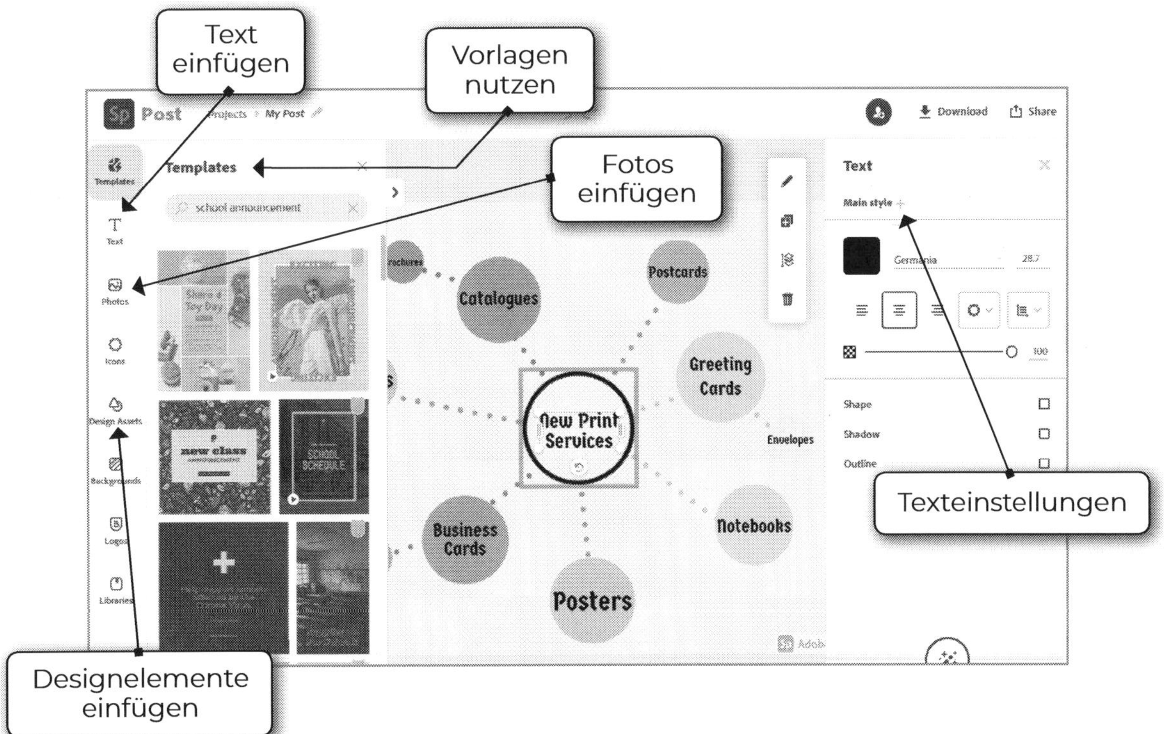
Text einfügen
Vorlagen nutzen
Post
Download
Share
Templates
Fotos einfügen
Text
Main style
Catalogues
Postcards
Greeting Cards
New Print Services
Envelopes
Business Cards
Notebooks
Posters
Shape
Shadow
Outline
Texteinstellungen
Designelemente einfügen

4.2
Tools für das Präsentieren

PowToon

https://www.powtoon.com/

Englisch

iOS, Android, Web

Kostenlose Basisversion
Für Bezahlversion siehe:
https://www.powtoon.com/premium/

Beschreibung:

PowToon ist ein Präsentationswerkzeug, das Folien in animierte Videos verwandelt, indem es vorgefertigte Objekte manipuliert, Bilder importiert, Musik zur Verfügung stellt und vom Benutzer erstellte Voice-Overs verwendet. Es ist die Antwort auf langweilige, textgefüllte Präsentationen, die auf die SchülerInnen schon nach wenigen Folien ermüdend wirken. LehrerInnen können Videos erstellen, um mathematische Prozesse zu zeigen, komplexe Konzepte zu erklären, neues Lernen zu überprüfen, wissenschaftliche Prozesse zu erklären, Geschichten zu erzählen oder Forschungsarbeiten zu präsentieren.

Anwendungsmöglichkeiten:

1. Qualität und Wirksamkeit

   PädagogInnen können PowToon zur Erstellung von animierten Präsentationen verwenden und es gleichzeitig als eine Form der Beurteilung nutzen, indem sie Studierende bitten, ihre eigenen Animationen zu erstellen. Die zur Verfügung gestellten Objekte und die Musik sind von hoher Qualität, und die zusätzliche Möglichkeit, Bilder zu importieren und Voice-Overs zu erstellen, ermöglicht es den Lehrkräften, ihren Inhalt zu personalisieren und auf die Bedürfnisse der Klasse zuzuschneiden.

2. Benutzerfreundlichkeit

   Die Verwendung von PowToon ist für Sie und Ihre SchülerInnen gleichermaßen einfach und unkompliziert. Es bietet vielfältige anpassbare Vorlagen für AnfängerInnen sowie eine leere Leinwand für die Erfahreneren. Die einfache Drag-and-Drop-Funktion macht die Erstellung schnell und einfach und spart eine Menge Zeit.

3. Legalität

   Sie müssen sich keine Sorgen über Urheberrechtsfragen machen, da PowToon die einfache Suche von Creative-Commons-lizenzierten Bildern von Flickr ermöglicht. BenutzerInnen haben zwei Optionen für die Anzeige ihrer Arbeit in der kostenlosen Version: Sie können die Animation entweder zu YouTube exportieren oder sie in PowToon im Slideshow-Modus abspielen, der Pausen zulässt, wenn der/die Präsentierende weitere Informationen erklären muss.

Vorlagen
Importieren
Neues Powtoon erstellen
Eigene Powtoons
Hi Elizabeth!
What video would you like to create today?
Toolbox
HOME
TEMPLATES
IMPORT
CREATE
Capture your screen and camera
Student Projects
Teachers & Faculty
Build your branded character
Administrative Staff
Training
Recommended for you
My Powtoons
Learning Center
Apps & Integrations

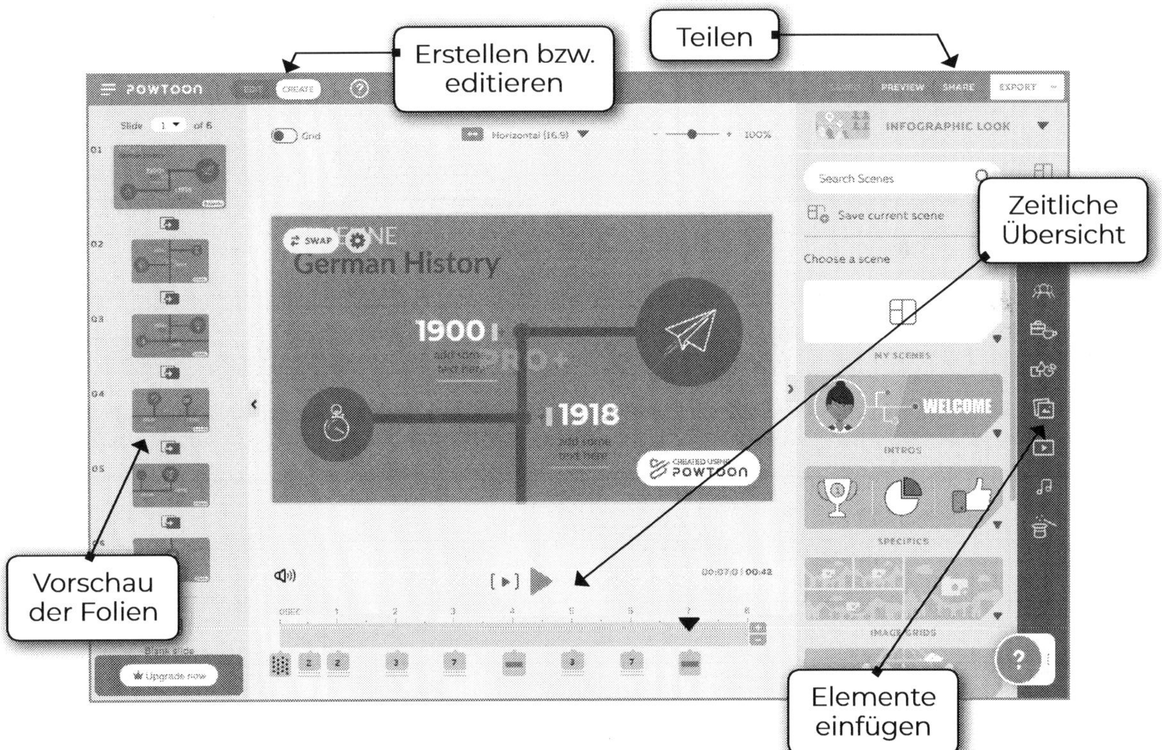
Erstellen bzw. editieren
Teilen
Zeitliche Übersicht
Vorschau der Folien
Elemente einfügen
POWTOON
PREVIEW
SHARE
EXPORT
INFOGRAPHIC LOOK
German History
1900
1918
WELCOME

4.2
Tools für das Präsentieren
ONCOO

https://www.oncoo.de/oncoo.php

Deutsch, Englisch

webbasiert

kostenlos

Beschreibung:

ONCOO steht für "Online Cooperation" und ist eine internetbasierte Plattform, die mehrere Webapplikationen für persönliche und Online-Kommunikation und -Zusammenarbeit kombiniert. Sie bietet eine gute Auswahl an interaktiven und multimedialen Werkzeugen, die kooperative Lernmodule wie z.B. digitale Kartenabfragen, die Verwendung eines digitalen Ziels und vieles mehr beinhaltet.

Anwendungsmöglichkeiten:

1. Kartenabfrage

   Die Lehrkraft kann eine "virtuelle Pinnwand" einrichten, an der die Lernenden notieren können, was sie über ein Thema wissen, dieses auf Karten schreiben und an die Tafel schicken. Die Karten können dann gemeinsam sortiert und strukturiert angeordnet werden.

2. Helfer-System

   In diesem Tool können sich die Lernenden gegenseitig helfen. Die Lernenden geben an, wann sie eine bestimmte Aufgabe erledigt haben, und werden dann als "Helfer" angezeigt. Lernende, die ihre Arbeit noch nicht beendet haben, können die Helfer um Unterstützung bitten oder selbst Helfer sein, wenn sie ihre Arbeit beendet haben.

3. Modul Lerntempo

   Die Lernenden beginnen mit einer einzigen Aufgabe und zeigen an, sobald sie die Arbeit daran beendet haben. Sie werden dann mit einem anderen Lernenden zusammengebracht, um die Lösung zu koordinieren oder gemeinsam weiterzubearbeiten.

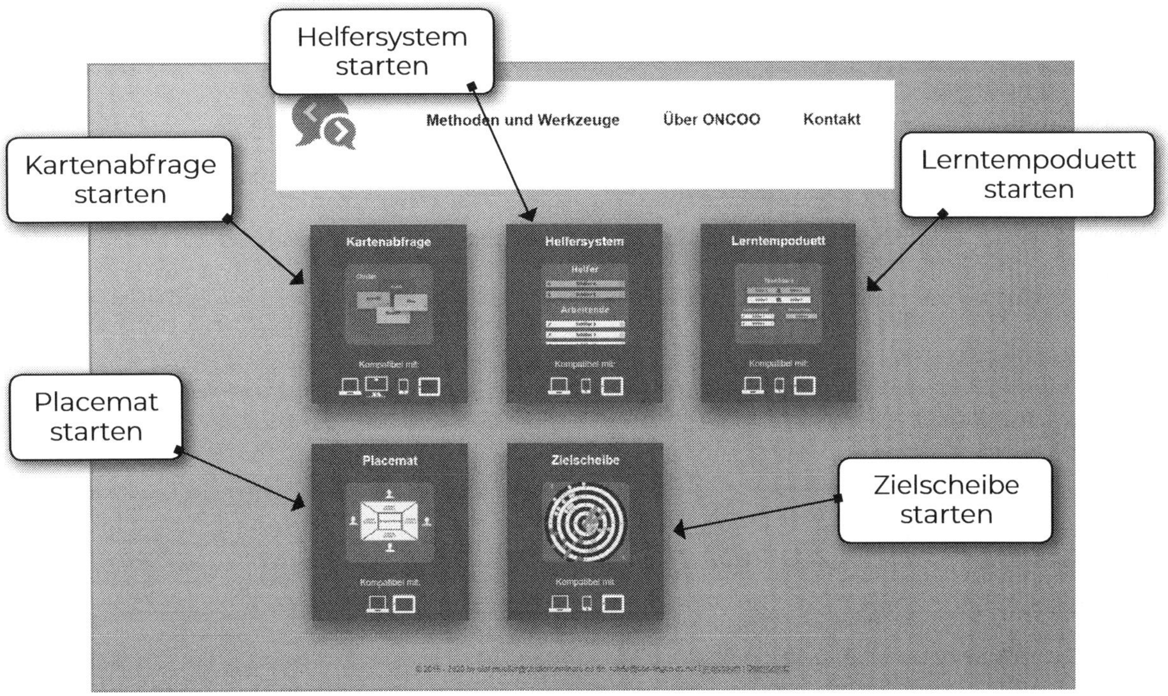
Helfersystem starten
Methoden und Werkzeuge
Über ONCOO
Kontakt
Kartenabfrage starten
Lerntempoduett starten
Kartenabfrage
Helfersystem
Lerntempoduett
Kompatibel mit:
Placemat starten
Placemat
Zielscheibe
Zielscheibe starten

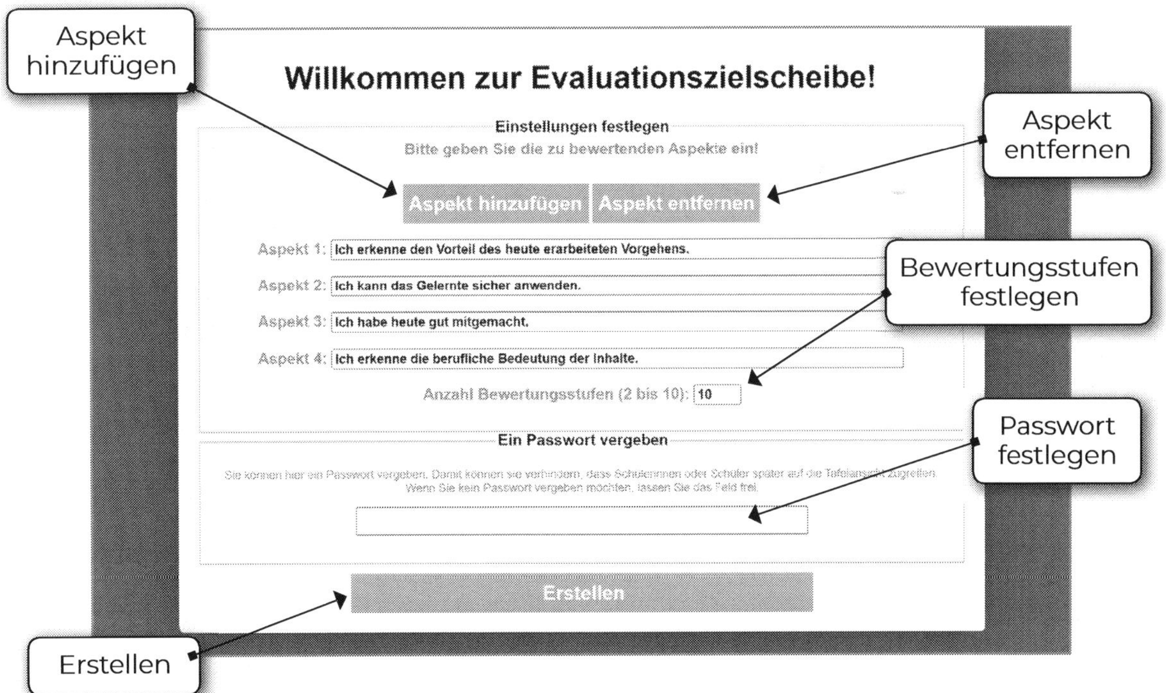
Aspekt hinzufügen
Willkommen zur Evaluationszielscheibe!
Einstellungen festlegen
Bitte geben Sie die zu bewertenden Aspekte ein!
Aspekt entfernen
Aspekt hinzufügen
Aspekt entfernen
Aspekt 1: Ich erkenne den Vorteil des heute erarbeiteten Vorgehens.
Aspekt 2: Ich kann das Gelernte sicher anwenden.
Bewertungsstufen festlegen
Aspekt 3: Ich habe heute gut mitgemacht.
Aspekt 4: Ich erkenne die berufliche Bedeutung der Inhalte.
Anzahl Bewertungsstufen (2 bis 10): 10
Ein Passwort vergeben
Passwort festlegen
Erstellen
Erstellen

4.3 Tools für das Klassenzimmer

Sowohl das direkte Miteinander im virtuellen Klassenzimmer als auch die Aufarbeitung des Lernstoffs wird durch die geeigneten Webtools wesentlich vereinfacht. Das hat auf die Personen wie auch auf den Unterricht positive Auswirkungen, wie einige Beispiele kurz aufzeigen:

SchülerInnen lernen auf unterschiedliche Weise und in unterschiedlichem Tempo. Wer langsamer ist, muss nicht notgedrungen schlechter sein. Die richtigen Webtools geben jedem Lernenden die Zeit, die er individuell braucht. In besonders großen Klassenverbänden sinkt bei einem großen Teil der Lernenden schneller das Interesse. Wer sich nicht eingebunden fühlt, beteiligt sich weniger am Unterricht als seine Mitschüler. Auch für dieses Problem lässt sich mit einem Webtool durch ein System, das (auch anonyme) Rückmeldungen anregt, Abhilfe schaffen. Rückmeldungen geben auch den LehrerInnen die Chance, ihren Unterricht sowohl inhaltlich als auch in der Präsentation zu optimieren. Das Los jedes Schülers ist es dagegen, sich mit Noten oder Punkten bewerten lassen zu müssen. Oftmals ist das Vergabesystem für die Lernenden nicht transparent genug. Ein Tool, welches erläutert, wie Noten zustande kommen und gleichzeitig Lernfortschritte dokumentiert, ist da sehr hilfreich. Manchmal ist auch entscheidend, wo und neben wem ein/e SchülerIn im Klassenraum sitzt. Ein Sitzplangenerator mischt die Karten immer wieder neu und bringt Flexibilität in die Sitzordnung. Zum Alltag von LehrerInnen gehören Organisation und Vorbereitung. Was für eine Zeitersparnis ist es, nur noch vorgefertigte Vorlagen und Masken inhaltlich aufzubereiten oder auch nur zu aktualisieren?

4.3
Tools für das Klassenzimmer

PINGO

https://pingo.coactum.de/

Deutsch, Englisch

Web

kostenlos

Beschreibung:

PINGO steht für "Peer Instruction for Very Large Groups" und ist ein webbasiertes Live-Feedback-System für den Unterricht, um die Studierenden, insbesondere in großen Kursen, einzubinden. Es unterstützt das kooperative Lehr-/Lernkonzept und ermöglicht es den Lehrenden, die Studierenden aus ihrer traditionell passiven Rolle herauszuholen und sich aktiv an der Vorlesung zu beteiligen. Sie können Fragen, die während der Vorlesung gestellt werden, über ihre Smartphones, Tablets oder Laptops beantworten.

Anwendungsmöglichkeiten:

1. Engagement

   PINGO macht es den LehrerInnen insbesondere in großen Kursen leichter, ihre Interaktion mit allen SchülerInnen zu verbessern, indem Wissen abgefragt, das Verständnis überprüft, Diskussionen initiiert, Meinungen eingeholt und die Leistungen der Lehrenden bewertet werden.

2. Einfache Handhabung für Lehrkräfte

   In nur wenigen Minuten können LehrerInnen Fragebögen und Sitzungen vorbereiten, Lernziele einchecken, Tag-Clouds erstellen und anonymes Feedback von SchülerInnen über die einfache Benutzeroberfläche von PINGO sammeln. Es ermöglicht hohe Produktivität bei unkomplizierter Nutzung.

3. Einfache Handhabung

   PINGO erfordert keine Installation der Anwendung und kann sofort mit jedem beliebigen Endgerät (Tablet-PC, Smartphone, Desktop-PC) verwendet werden, was die Benutzung für die Studierenden erleichtert. Die absolute Anonymität bei der Stimmabgabe erlaubt es den Lernenden auch, teilzunehmen und ehrliche Antworten auf Fragen zu geben.

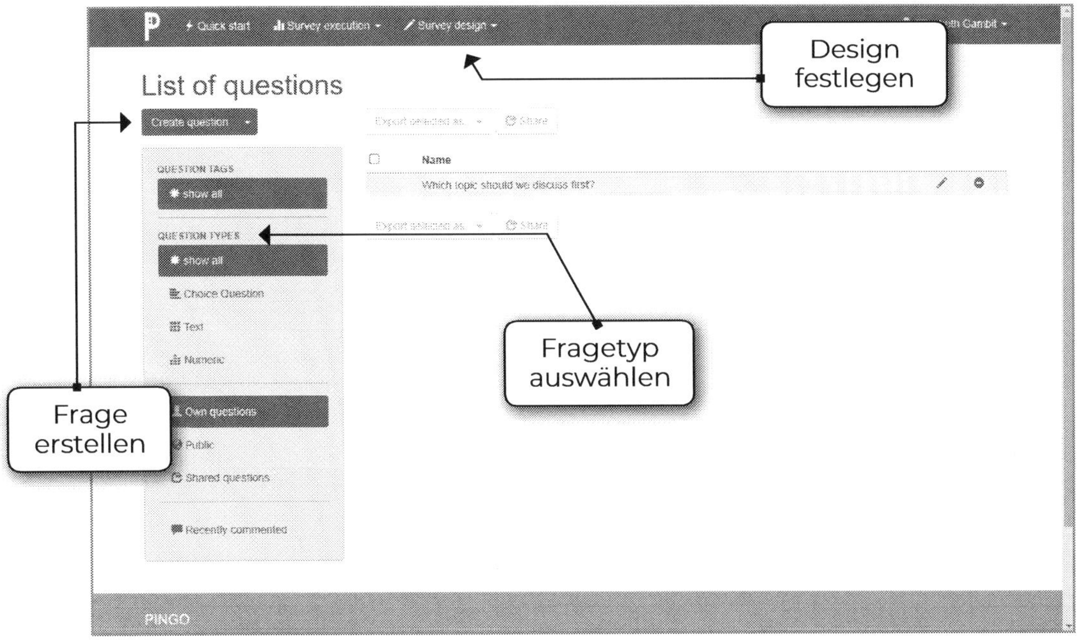
Quick start
Survey execution
Survey design
Design festlegen
List of questions
Create question
Export selected as
Share
Name
Which topic should we discuss first?
QUESTION TAGS
show all
QUESTION TYPES
show all
Choice Question
Text
Numeric
Fragetyp auswählen
Frage erstellen
Own questions
Public
Shared questions
Recently commented
PINGO

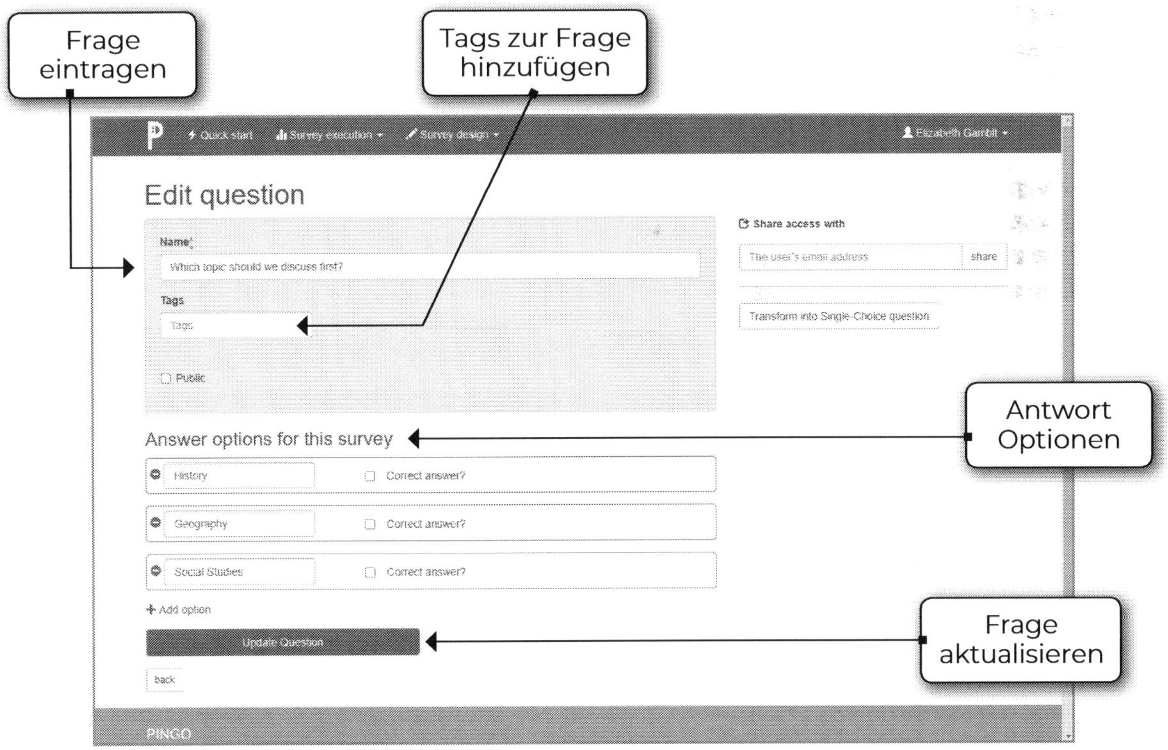
Frage eintragen
Tags zur Frage hinzufügen
Quick start
Survey execution
Survey design
Elizabeth Gambit
Edit question
Name*
Which topic should we discuss first?
Tags
Tags
Public
Share access with
The user's email address
share
Transform into Single-Choice question
Antwort Optionen
Answer options for this survey
History
Correct answer?
Geography
Correct answer?
Social Studies
Correct answer?
Add option
Update Question
back
Frage aktualisieren
PINGO

4.3
Tools für das Klassenzimmer

Classtime

https://www.classtime.com/de/

Deutsch, Englisch

Web

Kostenlose Basisversion
Für Bezahlversionen siehe:
https://www.classtime.com/de/premium/

Beschreibung:

Classtime ist eine flexible Online-Prüfungslösung, die es Lehrenden ermöglicht, großartige Fragen zu erstellen und das Verständnis der Lernenden zu verbessern. Es bietet außerdem eine große öffentliche Bibliothek, Zeitlimits, erweiterte Planungsanalysen, sofortiges datenbasiertes Feedback, Echtzeitbenotung und Anti-Cheating-Funktionen. Die Lehrkräfte können detaillierte Berichte pro Klasse oder pro SchülerIn erstellen, die leicht an sie und ihre Eltern weitergegeben werden können. Es wird auch dazu verwendet, die Klasse durch lustige, gemeinschaftliche Spiele zu beschäftigen und das sozial-emotionale Lernen zu fördern.

Anwendungsmöglichkeiten:

1. Bewertung der Studierenden

   LehrerInnen können die effektiv nutzbare Beurteilungsplattform von Classtime nutzen, um die SchülerInnen einzubinden und durch Antwortanalysen und Echtzeitantworten sofortigen Einblick in ihren Lernfortschritt zu erhalten. Außerdem hilft sie mit ihrer automatischen Bewertungsfunktion, Zeit zu sparen.

2. Lehrmaterial

   LehrerInnen können die kostenlosen Bibliotheken nutzen, die tausende von Fragen enthalten, die von Bildungsexperten speziell auf die Standards zugeschnitten sind. Sie können sogar das audiovisuelle Lernen der SchülerInnen bereichern, indem Sie Bilder und Youtube-Videos in Ihre Fragen einfügen.

3. Aktivitäten im digitalen Klassenzimmer

   Spaß sollte ein integraler Bestandteil des Lernens sein. Dies gewährleisten die gemeinschaftlich zu lösenden Herausforderungen und Rätsel von Classtime. Schwierige Probleme sollen die SchülerInnen im Team durch eigenständiges Beantworten der Fragen lösen.

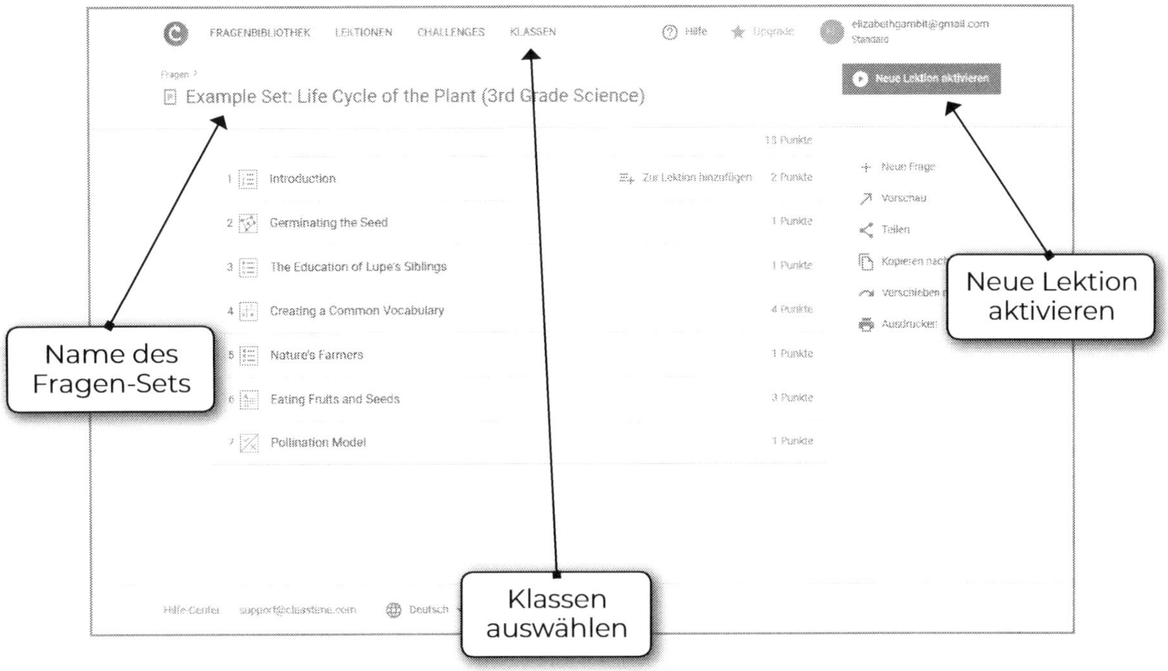
FRAGENBIBLIOTHEK
LEKTIONEN
CHALLENGES
KLASSEN
Hilfe
Upgrade
Neue Lektion aktivieren
Example Set: Life Cycle of the Plant (3rd Grade Science)
Introduction
Germinating the Seed
The Education of Lupe's Siblings
Creating a Common Vocabulary
Nature's Farmers
Eating Fruits and Seeds
Pollination Model
Zur Lektion hinzufügen
Neue Frage
Vorschau
Teilen
Ausdrucken
Name des Fragen-Sets
Neue Lektion aktivieren
Klassen auswählen

Frage speichern
Germinating the Seed
Lupe knows that the embryo first needs to let some water through the seed coat to start growing, but forgot which part of the seed the embryo was!
Help Lupe find the embryo by clicking on it in the image below.
Bild hinzufügen
YouTube hinzufügen
Audio hinzufügen
Hotspot
ein Antwortpunkt
mehrere Antwortpunkte
Alle Hotspot-Bereiche löschen
Frage eingeben
Frage speichern
Medien hinzufügen

4.3
Tools für das Klassenzimmer

Sitzplangenerator

http://www.sitzplangenerator.de/

Deutsch, Englisch

Web

kostenlos

Beschreibung:

Mit dem Sitzplangenerator können LehrerInnen einen individuellen Sitzplan für die Klasse ganz ohne Papier erstellen. Er wird nach dem Zufallsprinzip gezeichnet, was langwierige Diskussionen mit den SchülerInnen vermeidet und viel Zeit spart.

Anwendungsmöglichkeiten:

1. Einfache Nutzung

   Der Sitzplangenerator ist völlig kostenlos und erfordert kein Benutzerkonto. Alle getätigten Eingaben werden direkt in Ihrem Browser und in der URL gespeichert. Bei der Tischanordnung sind Sie völlig flexibel, da nahezu jede erdenkliche Sitzordnung per Drag and Drop reproduziert werden kann.

2. Zeitersparnis

   Wenn Sie die Namen der SchülerInnen eingeben und anschließend auf den "Zufallsgenerator" klicken, können Sie bereits eine Sitzordnung erstellen. Das Erstellen einer neuen Sitzordnung im Zwei-Wochen-Abstand ist ohne lästigen Papierkram in knapp einer Minute möglich.

3. Flexibilität

   Dieses Webtool bietet Ihnen die Möglichkeit, eine Sitzplananordnung automatisch über das Web zu generieren oder sie manuell durch Herunterladen einer Vorlage zu erstellen. Sie können dann Ihren individuellen Sitzplan für die Schule ausdrucken, damit Sie Ihre SchülerInnen informieren und ihn für andere LehrerInnen in der Klasse zur Verfügung stellen können.

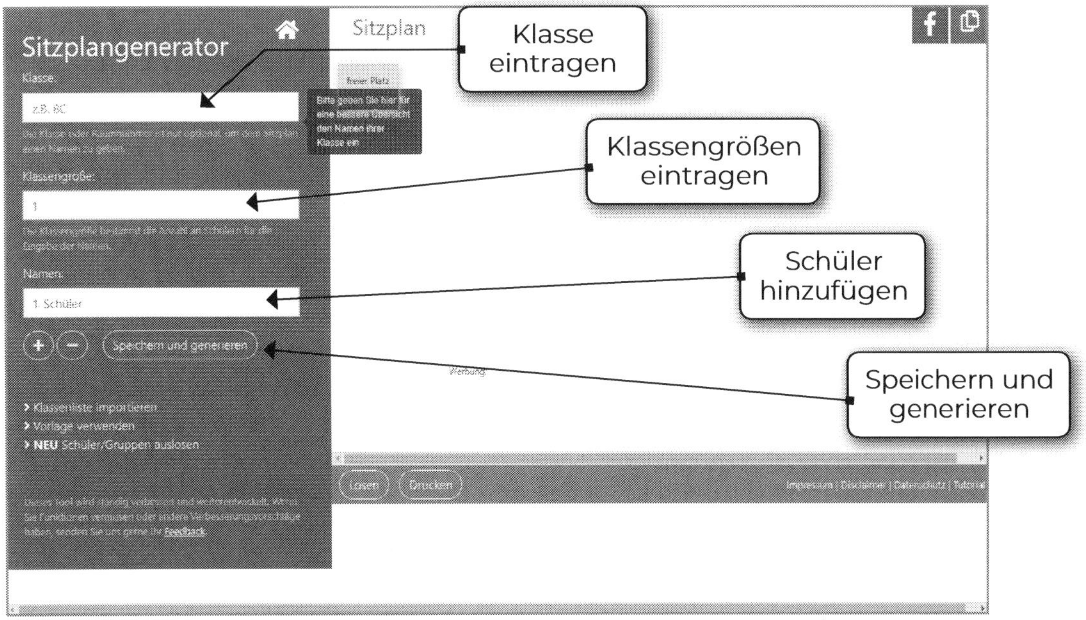
Sitzplangenerator
Klasse:
z.B. 8C
Klassengröße:
Namen:
1. Schüler
Speichern und generieren
Klassenliste importieren
Vorlage verwenden
NEU Schüler/Gruppen auslosen
Sitzplan
Freier Platz
Losen
Drucken
Klasse eintragen
Klassengrößen eintragen
Schüler hinzufügen
Speichern und generieren

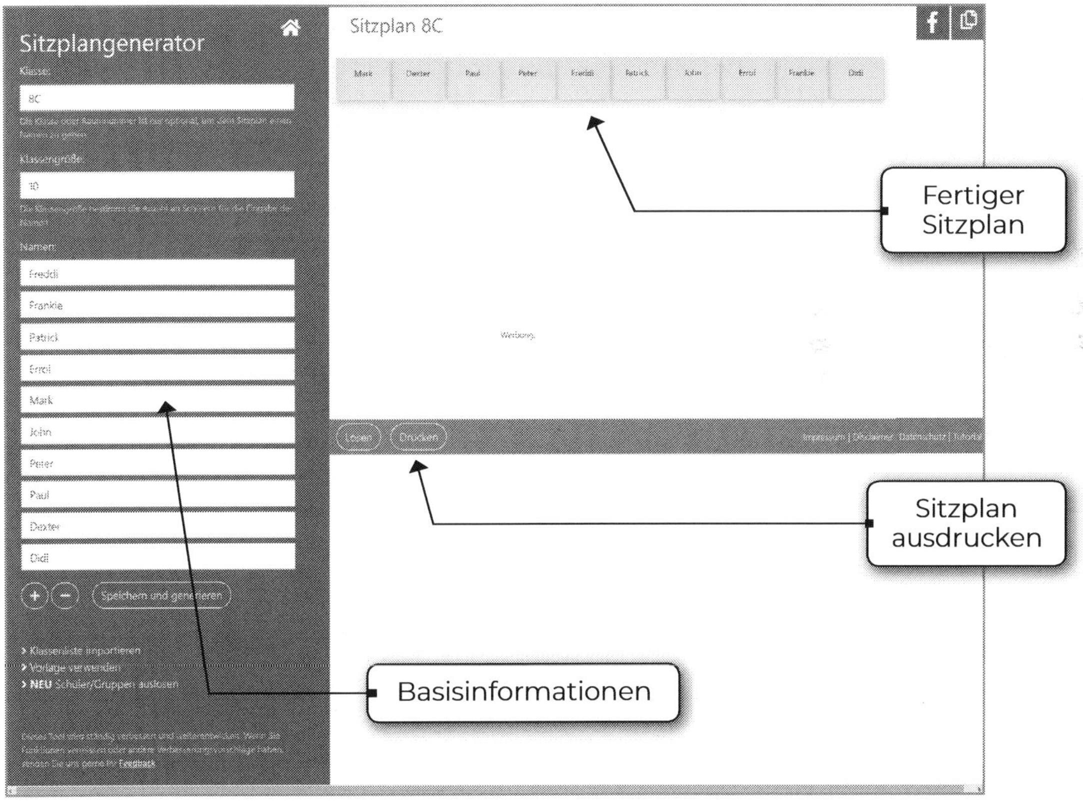
Sitzplangenerator
Klasse:
8C
Klassengröße:
10
Namen:
Freddi
Frankie
Patrick
Errol
Mark
John
Peter
Paul
Dexter
Didi
Speichern und generieren
Klassenliste importieren
Vorlage verwenden
NEU Schüler/Gruppen auslosen
Sitzplan 8C
Mark
Dexter
Paul
Peter
Freddi
Patrick
John
Errol
Frankie
Didi
Losen
Drucken
Fertiger Sitzplan
Sitzplan ausdrucken
Basisinformationen

4.3
Tools für das Klassenzimmer

Scanbot

https://scanbot.io/de/sdk

Deutsch, Englisch

Android, IOS, Web

kostenlose Basisversion
Pro-Version verfügbar

Beschreibung:

Scanbot ist eine einfache Anwendung, die Dokumente mit verfügbaren Kameras (Smartphone, Webcam) scannt und in eine Vielzahl von Clouddiensten hochlädt. LehrerInnen können schnell ein Foto z. B. von Testarbeiten, Unterrichtsplänen, Arbeitsblättern, Berichten machen. Scanbot wandelt das Foto dann in eine hochwertige PDF-Datei um, die Sie ausdrucken können. Das Tool ermöglicht sogareine einfache Bearbeitung des Dokumentes, was sonst nur PDF-Verwaltungsanwendungen vorbehalten ist.

Anwendungsmöglichkeiten:

1. Automatische Benennung

   Die Eingabe eines Namens für jedes einzelne Dokument ist aufwändig, aber Scanbot macht es Ihnen leicht. Das Programm benennt Ihre Arbeitsblätter oder Übungen automatisch nach einem Schema, das Sie vorab festgelegt haben. Sie können das Datum, die Uhrzeit, den Ort oder viele andere Möglichkeiten nutzen, um eine bestimmte Struktur in Ihre Dokumente zu bringen.

2. Gespeicherte Informationen

   Die OCR-Technologie von Scanbot erkennt den Text aus Ihren Scans und extrahiert URLs, Telefonnummern und Adressen, sodass eine manuelle Eingabe unnötig ist. Sie können Nummern anrufen, URLs öffnen oder mit den extrahierten Informationen zu einem bestimmten Ort navigieren.

3. Sicherheit von Informationen

   Wenn Sie befürchten, dass Studierende Zugang zu vertraulichen Dokumenten wie Testantwortschlüsseln oder Noten haben könnten, können Sie Ihr Dokument mit einem Code oder einer touchID sperren.

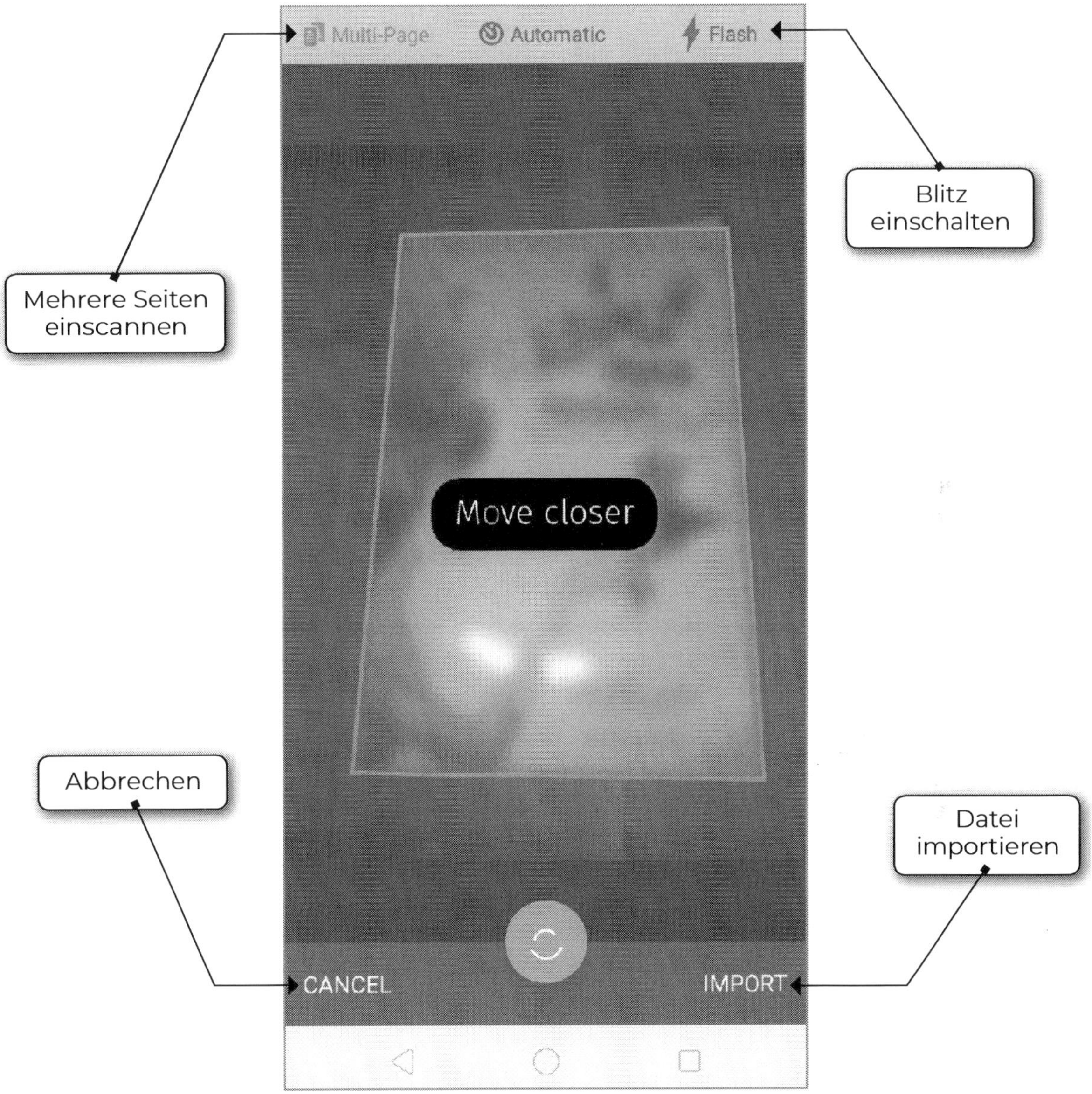
Multi-Page
Automatic
Flash
Blitz einschalten
Mehrere Seiten einscannen
Move closer
Abbrechen
Datei importieren
CANCEL
IMPORT

4.3
Tools für das Klassenzimmer

System Planner

http://www.teachsam.de/upl/upl_system.htm

Deutsch, Englisch

Web

kostenlos

Beschreibung:

Der System Planner bietet verschiedene Vorlagen für die Unterrichtsplanung und -Klassenorganisation, die Sie als PDF speichern und anschließend ausdrucken können. Er verfügt über ein Write-and-Go-System, d.h. LehrerInnen können mit dem Browser direkt in bestimmte Formularvorlagen schreiben, um sie für die Unterrichtsplanung und Klassenorganisation zu verwenden sowie die von ihnen ausgefüllten und bearbeiteten Formulare speichern und ausdrucken.

Anwendungsmöglichkeiten:

1. Lehrmaterial

   LehrerInnen finden hier jene Dokumente, die für sie am nützlichsten sind: Vorlagen für die wöchentliche und jährliche Unterrichtsplanung, Schülerlisten, allgemeine Organisation, Gruppenunterricht und sogar Arbeitsblätter für bestimmte Schulfächer.

2. Einfach zu benutzen

   Das Write-and-Go-System ermöglicht eine schnelle und einfache Nutzung dieses Webtools. Lehrerinnen können mit dem Browser direkt in die Vorlagen schreiben und diese bearbeiten, bevor sie sie ausdrucken. Es sorgt für eine effektive Zeitersparnis, da für die Benutzung keine Registrierung erforderlich ist.

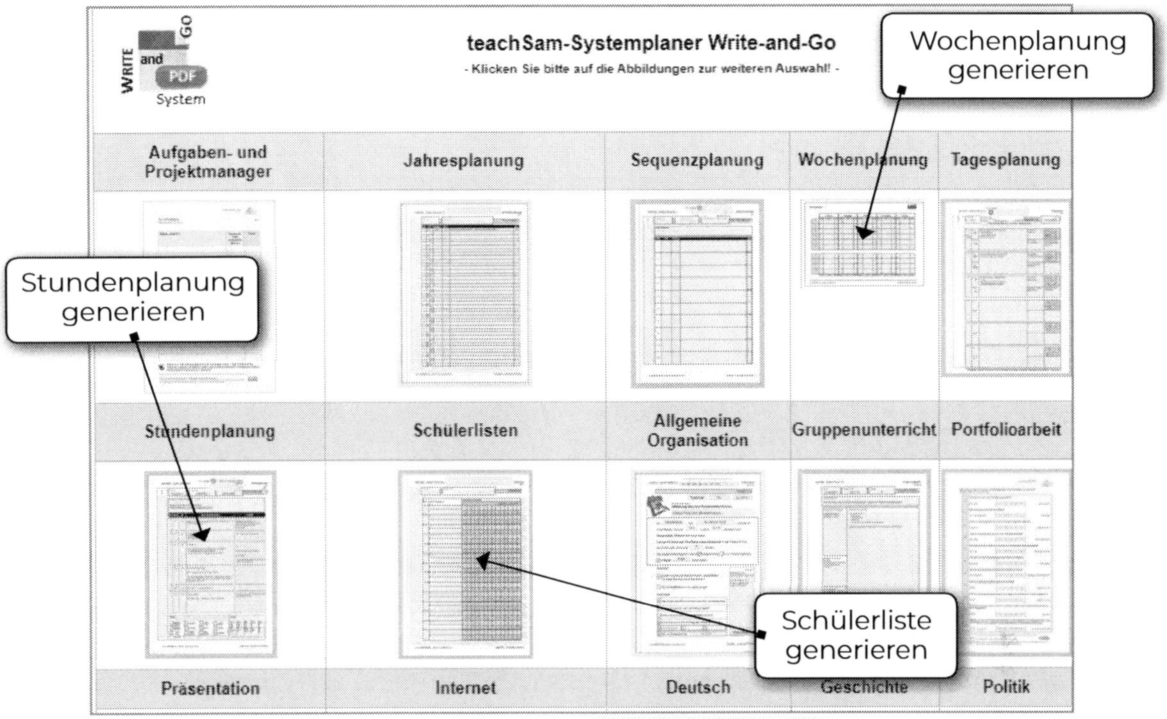
teachSam-Systemplaner Write-and-Go
- Klicken Sie bitte auf die Abbildungen zur weiteren Auswahl! -
Wochenplanung generieren
Aufgaben- und Projektmanager
Jahresplanung
Sequenzplanung
Wochenplanung
Tagesplanung
Stundenplanung generieren
Stundenplanung
Schülerlisten
Allgemeine Organisation
Gruppenunterricht
Portfolioarbeit
Schülerliste generieren
Präsentation
Internet
Deutsch
Geschichte
Politik

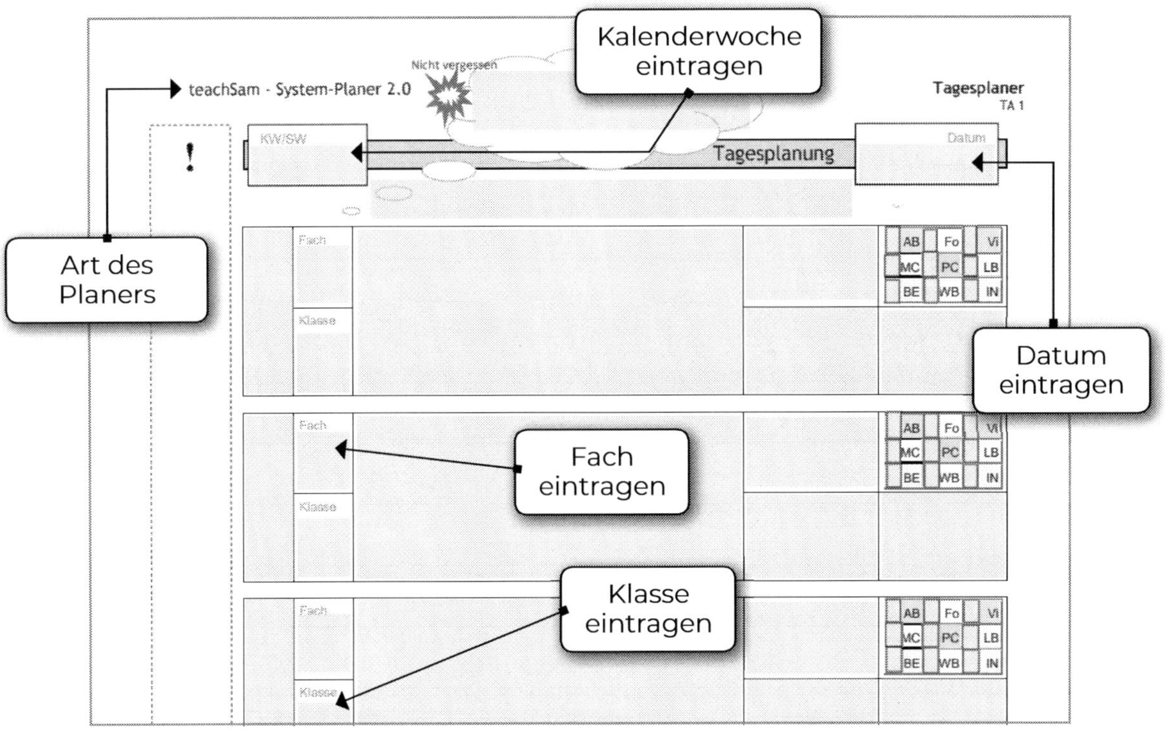
Kalenderwoche eintragen
teachSam - System-Planer 2.0
Tagesplaner
TA 1
KW/SW
Tagesplanung
Datum
Art des Planers
Fach
Klasse
Datum eintragen
Fach eintragen
Klasse eintragen
AB
Fo
Vi
MC
PC
LB
BE
WB
IN

4.3
Tools für das Klassenzimmer

Classroom Screen

https://classroomscreen.com/

Deutsch, Englisch

Web

Kostenlose Basisversion
Für Bezahlversion siehe.
https://classroomscreen.com/pricing/

Beschreibung:

ClassroomScreen ist ein Werkzeug für den alltäglichen Unterricht, bei dem die Unterrichtsstunde auf der interaktiven Tafel strukturiert werden kann. Es ermöglicht Ihnen, die Anweisungen für Ihre Unterrichtsstunde auf klare und visuelle Weise darzustellen. Sie können aus über 12 Widgets wählen, die Ihre Unterrichtsaktivitäten unterstützen und den SchülerInnen bei der Arbeit helfen.

Anwendungsmöglichkeiten:

1. Spaß beim Lernen

   ClassroomScreen ist wie ein „One-Stop-Shop", wo Sie an einer einzigen Stelle die nützlichen Widgets finden, die Sie während des Unterrichts oder während der Arbeit der SchülerInnen verwenden können. LehrerInnen können verschiedene Symbole verwenden, wie z. B. die "Ampel" als visuelle Erinnerung an ihre Stimmlage, den Timer für ihre Aktivitäten oder das "Stille"-Symbol, wenn es beachtet werden soll.

2. QR-Code-Generator

   LehrerInnen können einen QR-Code für Webseiten generieren, die zu Lehrmaterialien führen Die SchülerInnen können den QR-Code einscannen und werden dadurch direkt auf die gewünschte Webseite geleitet.

3. Umfrage beenden

   Exit Poll ermöglicht es LehrerInnen, direkt nach einer Unterrichtsstunde Feedback von ihren SchülerInnen zu erhalten und deren Lernfortschritt sowie die Fähigkeit, das Thema zu erfassen, zu beurteilen.

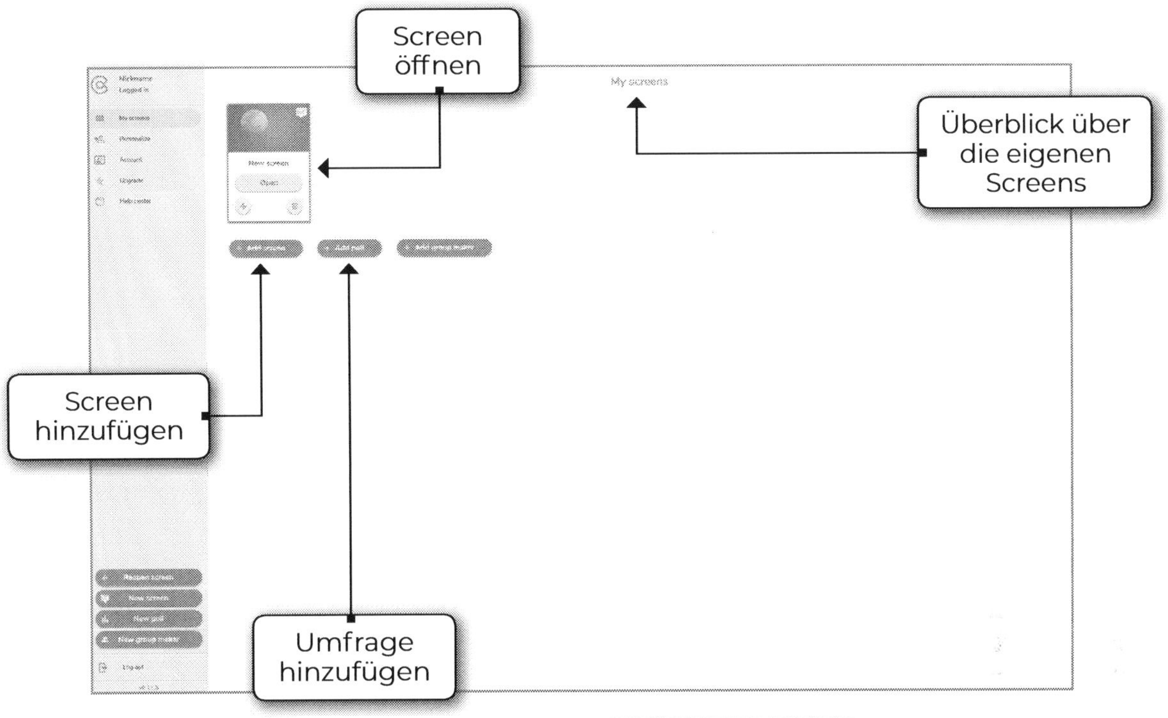
Screen öffnen
My screens
Überblick über die eigenen Screens
Screen hinzufügen
Umfrage hinzufügen

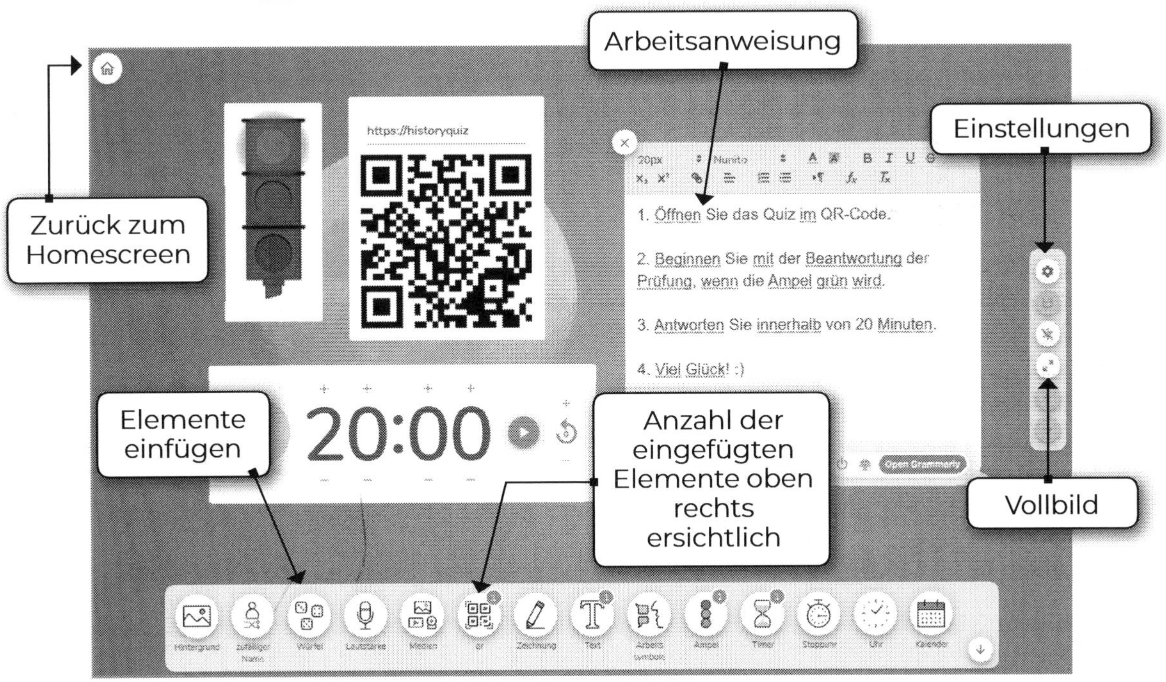
Arbeitsanweisung
Einstellungen
Zurück zum Homescreen
https://historyquiz
1. Öffnen Sie das Quiz im QR-Code.
2. Beginnen Sie mit der Beantwortung der Prüfung, wenn die Ampel grün wird.
3. Antworten Sie innerhalb von 20 Minuten.
4. Viel Glück! :)
20:00
Elemente einfügen
Anzahl der eingefügten Elemente oben rechts ersichtlich
Vollbild
Open Grammarly

AnswerGarden

https://answergarden.ch/

Englisch

Web

kostenlos

Beschreibung:

AnswerGarden ist ein minimalistisches, browserbasiertes Tool mit Echtzeit-Zuschauerbeteiligung, mit dem kurze Ideen, Antworten und Reaktionen der Lernenden gesammelt werden können. LehrerInnen können virtuell eine Frage “einpflanzen” und TeilnehmerInnen einladen, darauf zu antworten. Dabei formen sich die Antworten sofort zu einer wachsenden Wortwolke, die auf einer Frequenzanalyse basiert. Begriffe, die mehr als einmal eingegeben wurden, werden größer angezeigt, während selten erwähnte Begriffe kleiner dargestellt werden. Auf diese Weise kann der Wissensstand der Klasse zu einem bestimmten Thema ermittelt werden.

Anwendungsmöglichkeiten:

1. Zusammenarbeit

   Mit Answergarden können Sie Ideen sammeln, durch Brainstorming gemeinsam Entscheidungen treffen und durch Umfragen kurze und anonyme Rückmeldungen erhalten. Die Zusammenarbeit ist synchron und findet in Echtzeit statt.

2. Leichter Zugang

   Die Bedienung von Answergarden ist intuitiv und erfordert weder für SchülerInnen noch für LehrerInnen eine Registrierung. Dieses Webtool ist buchstäblich nur einen Klick entfernt, da es auf allen Geräten verfügbar ist.

3. Datenschutz

   LehrerInnen können bei der Erstellung des AnswerGarden ein Passwort festlegen, mit dem sie unerwünschte oder unangemessene Einträge löschen können. Im ‘Moderator-Modus’ können Sie auch die von den SchülerInnen eingegebenen Antworten ansehen und bearbeiten, bevor sie veröffentlicht werden.

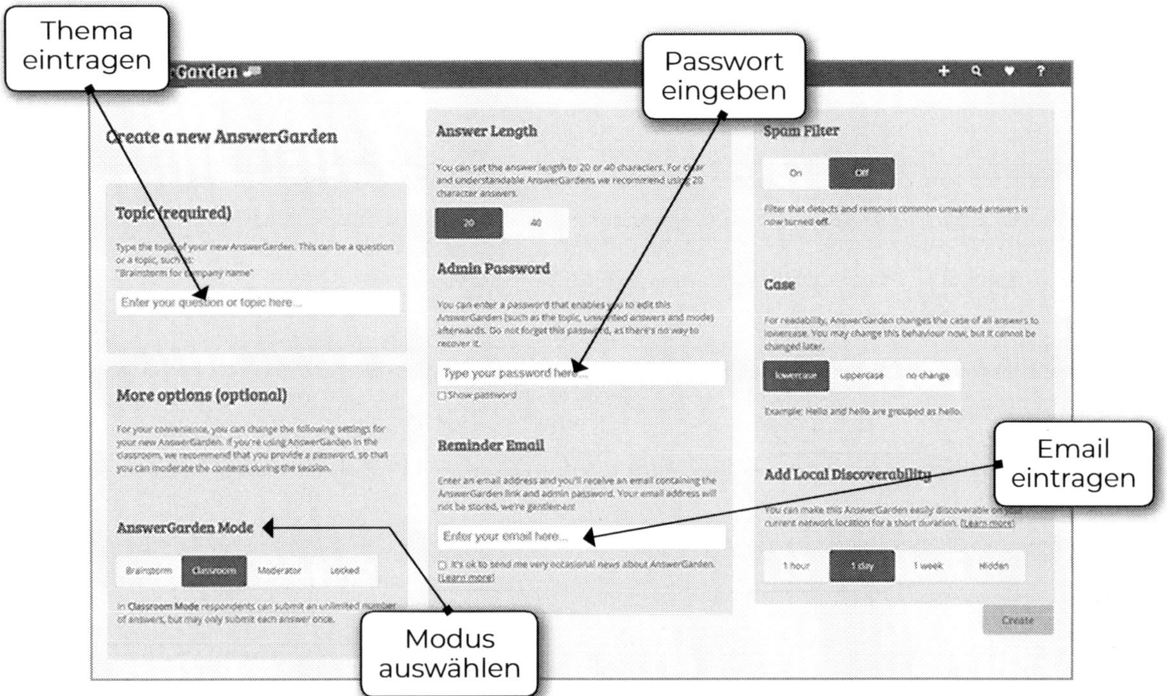
Thema eintragen
Passwort eingeben
Email eintragen
Modus auswählen
Create a new AnswerGarden
Topic (required)
More options (optional)
AnswerGarden Mode
Brainstorm
Classroom
Moderator
Locked
Answer Length
Admin Password
Reminder Email
Spam Filter
Case
Add Local Discoverability
Create

AnswerGarden
Demonstration
AnswerGarden is
Antwort eingeben
Antwort absenden

4.4 Tools für das digitale Klassenzimmer

Ging es bei den Tools für das Klassenzimmer mehr um die Verbesserung der Abläufe im Klassenzimmer, ist der Schwerpunkt dieses Kapitels die gemeinsame interaktive Arbeit von LehrerInnen und SchülerInnen auf speziellen Unterrichtstools. Gerade in Zeiten des immer wieder notwendigen Distanzlernens sind dies wichtige Mittel, um den Unterricht so reibungslos wie möglich aufrechtzuerhalten. Dabei spielt auch die problemlose Nutzung von Videos eine Rolle, die LehrerInnen mit ihren SchülerInnen teilen können. Danach ist es nur ein folgerichtiger Schritt zu einer weiteren App, die mehrere Bild und Tonquellen zu einem Video zusammenfassen und dieses dann streamen kann. Ein einfacher technischer Vorgang, der ebenfalls Zeit spart, ist, das Material direkt vom Browser aus weiterbearbeiten zu können, statt es zuvor herunterladen und installieren zu müssen. Ist das Ergebnis nicht gleich wie gewünscht, hilft es nur, weiterzuprobieren. Wie bei allen anderen Tools sollte man sich mit den vielen Möglichkeiten zuerst einmal vertraut machen. Digitales Lernen ist schließlich auch nur Lernen!

4.4
Tools für das digitale Klassenzimmer

Bitpaper

https://www.bitpaper.io/

Englisch

Web

kostenlos
Für Bezahlversionen siehe:
https://www.bitpaper.io/pricing

Beschreibung:

BitPaper ist ein kollaboratives Online-Whiteboard, das von LehrerInnen für LehrerInnen entwickelt wurde, um die Echtzeit-Zusammenarbeit mit SchülerInnen über physische und geografische Grenzen hinaus zu ermöglichen. Es bietet mehrere Seiten, unbegrenzten Whiteboard-Platz, Dokumentenimport, PDF-Export und vieles mehr.

Anwendungsmöglichkeiten:

1. BitPaper-Tags

   Diese Funktion ermöglicht es Ihnen, organisiert zu bleiben, indem Sie beim Speichern Ihres BitPapers Tags (z. B. den Namen eines Lernenden) hinzufügen. Sie können 'My Papers' öffnen und den Namen des Tags auf der Leiste suchen oder einen Tag aus dem Dropdown-Menü auswählen, um schnell alle Lektionen für diesen einen Lernenden zu finden. Sie können sogar mehrere Tags zu jedem Papier hinzufügen, um Ihre Suche spezifischer zu gestalten.

2. Gemeinsame Bildschirmnutzung

   Sie können Ihre Bildschirme in Ihrem Online-Unterricht gemeinsam nutzen, ohne zwischen einer App für Videoanrufe und Ihrem Lehrmaterial in BitPaper hin- und herzuspringen. Diese Funktion ermöglicht es Ihnen, schnell eine Website, ein Video oder etwas anderes als ein Bild oder einen Text auf Ihrem Computer zu zeigen, was Ihren Online-Unterricht viel interessanter und nützlicher macht.

3. Tafeln neu ordnen

   Mit BitPaper können Sie immer wieder neue Tafeln zu Ihrem Paper hinzufügen, indem Sie diese an einen beliebigen Ort ziehen oder auch auf die Pfeile nach oben und unten klicken. Es gibt Ihnen die vollständige Kontrolle entweder vor oder während der Lektion, um Materialien zu erstellen, die genau dort organisiert und angeordnet sind, wo Sie sie haben möchten. Die Schaltfläche "Duplizieren" ist noch erstaunlicher. Sie ist nützlich, wenn Sie schnell eine Tafel mit ähnlichen Inhalten und Antworten erstellen möchten.

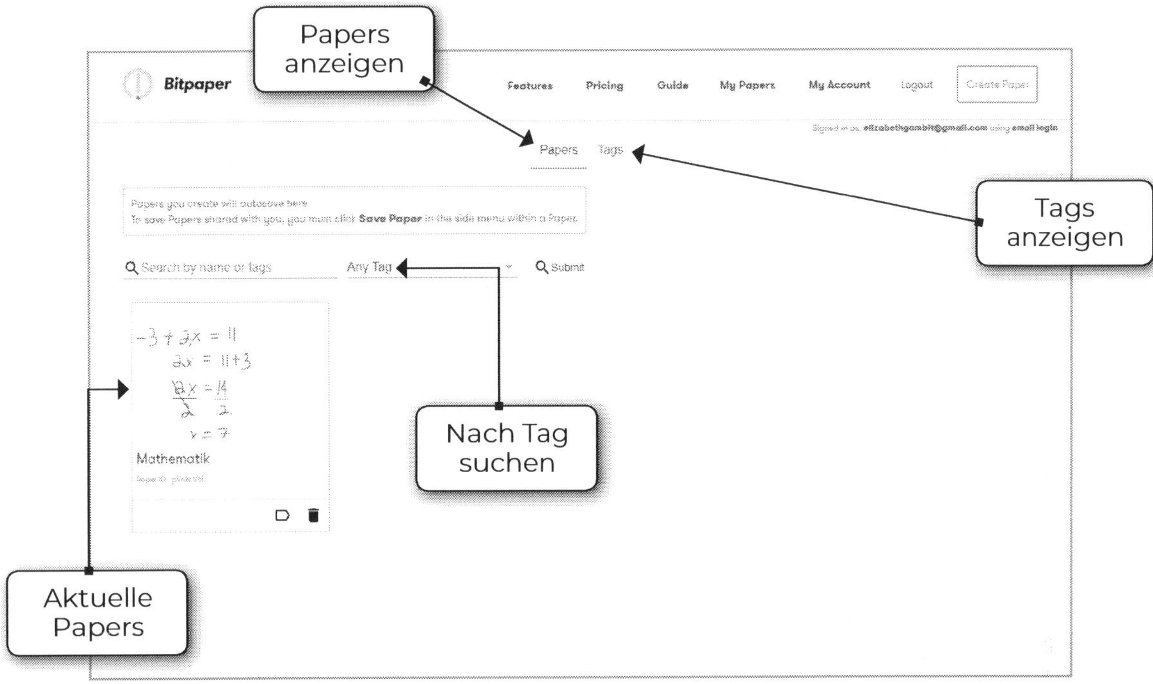
Papers anzeigen
Bitpaper
Features
Pricing
Guide
My Papers
My Account
Logout
Papers
Tags
Tags anzeigen
Any Tag
Submit
Nach Tag suchen
Mathematik
Aktuelle Papers

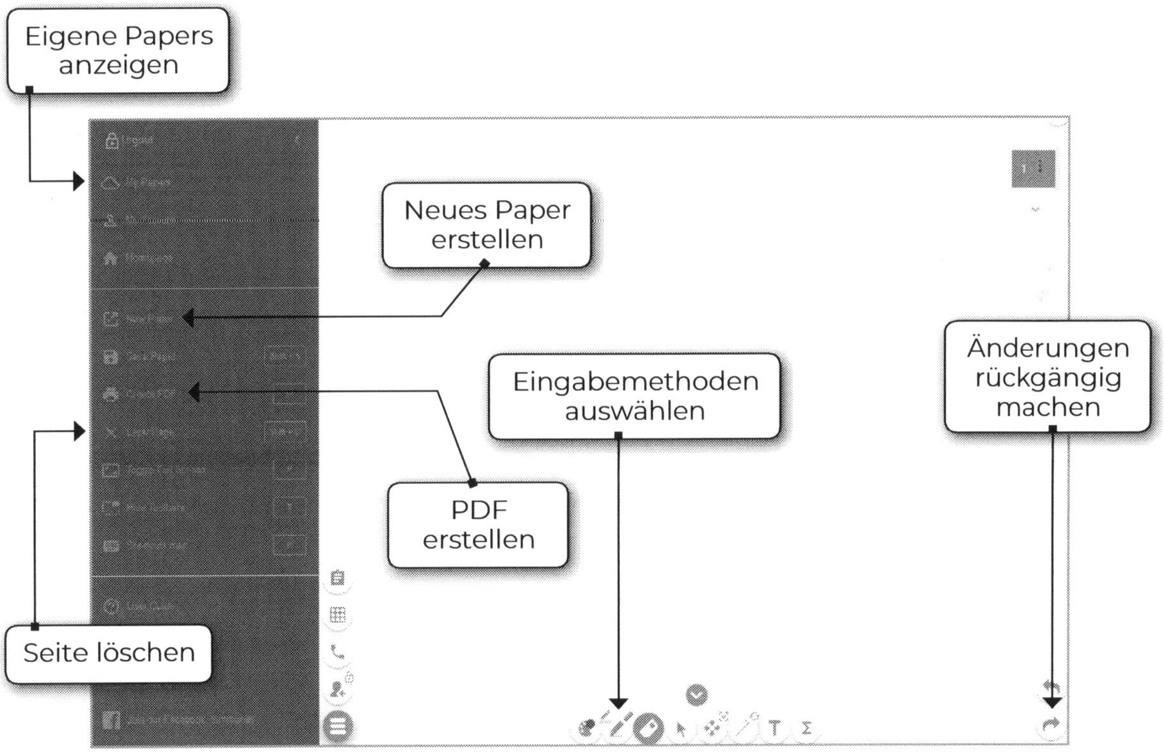
Eigene Papers anzeigen
Neues Paper erstellen
Eingabemethoden auswählen
Änderungen rückgängig machen
PDF erstellen
Seite löschen

Record Screen

http://recordscreen.io/

Englisch

Web

kostenlos

Beschreibung:

RecordScreen bietet die einfachste Möglichkeit, ein Video von Ihren Computerbildschirmen, offenen Software-Fenstern und Browser-Bildschirmen aufzuzeichnen, ohne Software installieren oder ein Konto registrieren zu müssen. LehrerInnen können dieses Web-Tool verwenden, um bestimmte Themen und Lektionen wie Mathematik oder chemische Gleichungen aufzuzeichnen. Das gilt sogar für das schrittweise Vorgehen beim Schreiben des Alphabets oder von Zahlen. Das Video der Bildschirmaufzeichnung wird Ihnen abschließend angezeigt, damit Sie es mit anderen teilen oder auf Ihren Computer herunterladen können.

Anwendungsmöglichkeiten:

1. Zugänglichkeit

   Man spricht oft über andere beliebte Screen-Recording-Anwendungen, aber all diese Tools erfordern eine Installation von Software auf dem Computer. Mit RecordScreen können Sie Ihren Bildschirm direkt vom Browser aus aufzeichnen - vollkommenohne Herunterladen, Installieren und ohne Registrierung. Es gibt auch keine Zeitbegrenzung oder Auflösung und keine Wasserzeichen, alles ist kostenlos.

2. Flexibilität

   Abgesehen von den Optionen 'Nur Bildschirm' und 'Bildschirm + Kamera', bei denen Sie wählen können, ob Sie die Webcam benutzen wollen oder nicht, können Sie bei RecordScreen noch weitere Optionen wählen. 'Ihr gesamter Bildschirm', der den Computerbildschirm und alle Anwendungen auf diesem Bildschirm aufzeichnet sowie ein 'Anwendungsfenster', das es Ihnen ermöglicht, ein geöffnetes Anwendungsfenster zu drehen und 'Chrome Tab', das den Webseiten-Bildschirm der von Ihnen gewählten Registerkarte auf Chrome dreht, stehen Ihnen zur Auswahl.

3. Gemeinsame Benutzung

   RecordScreen ermöglicht es Ihnen, das auf Ihren Computer aufgezeichnete Video, das Sie an die Lernenden verteilen und das diese in Zukunft verwenden können, zu teilen oder herunterzuladen,

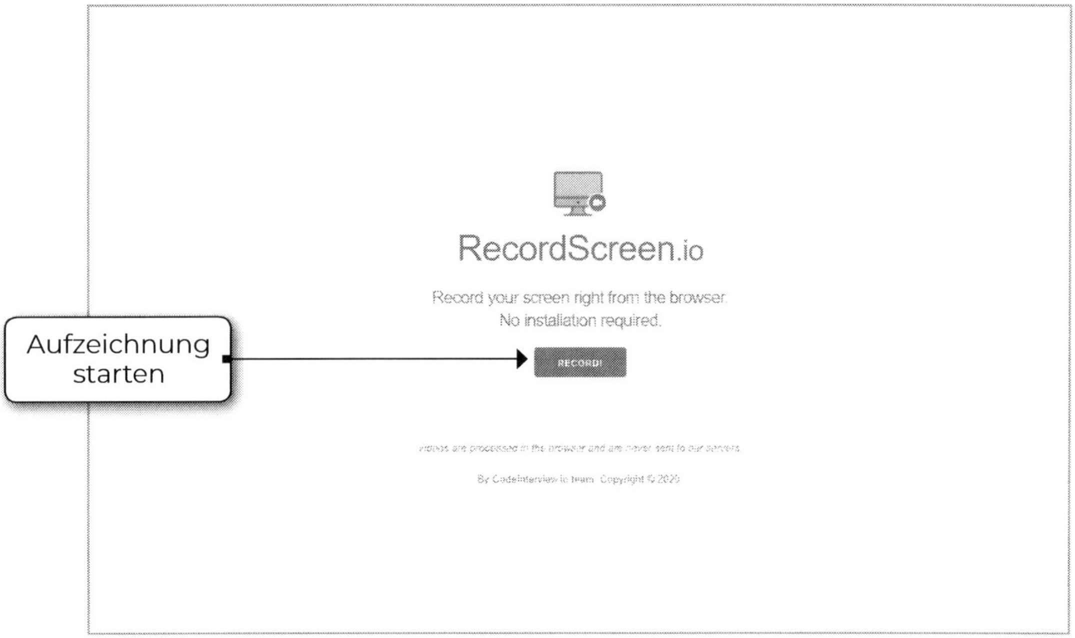
RecordScreen.io
Record your screen right from the browser.
No installation required.
RECORD!
Aufzeichnung starten

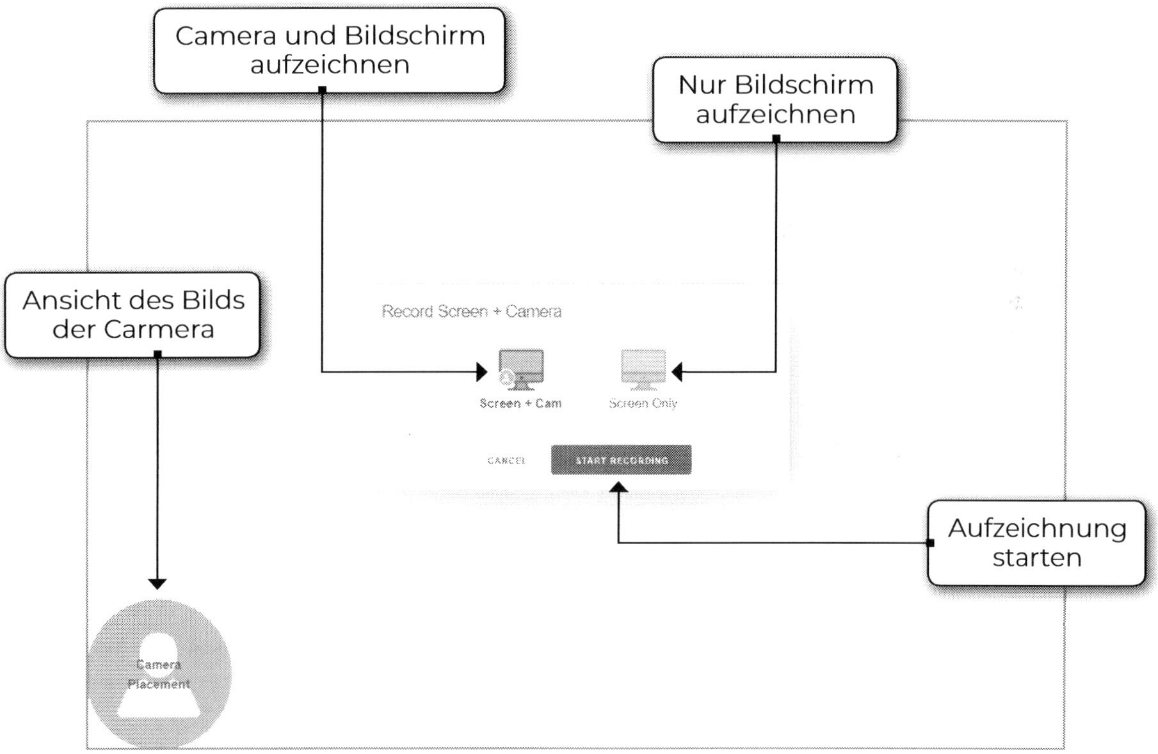
Camera und Bildschirm aufzeichnen
Nur Bildschirm aufzeichnen
Ansicht des Bilds der Carmera
Record Screen + Camera
Screen + Cam
Screen Only
CANCEL
START RECORDING
Aufzeichnung starten
Camera Placement

4.4
Tools für das digitale Klassenzimmer

OBS Studio

https://obsproject.com/de/download

Englisch, Deutsch

Windows, Mac

kostenlos

Beschreibung:

OBS Studio ist eine kostenlose Open-Source-Software für Videoaufzeichnung und Live-Streaming. Es ist ein Allzweck-Werkzeug zum Anordnen und Zusammenstellen mehrerer Video-, Bild- und Audioquellen zu einem konsolidierten Video und zum Aufzeichnen oder Streamen dieses Videos. Es ermöglicht Lehrkräften, die Aufnahme verschiedener Schritt-für-Schritt-Aktivitäten auf dem Bildschirm zu zeigen und dann ein Video zu erstellen, das sie für zukünftige Klassen wiederverwenden können. Während das Video abgespielt wird, können sie die Informationen für ausländische SchülerInnen in eine andere Sprache übersetzen oder sogar einzelne SchülerInnen durch den Prozess begleiten.

Anwendungsmöglichkeiten:

1. Aufnehmen

   OBS Studio bietet die Möglichkeit, ein Standbild oder eine Videoaufnahme Ihres Desktops, eines bestimmten Fensters oder eines kleinen Teils des Bildschirms zu erfassen. Dabei ist es nicht notwendig, alles, was auf Ihren Bildschirm passt, einzeln zu erfassen und zusammen zu bearbeiten. Mit diesem Tool können Sie auch die Seite oder Website durch Scrollen nach unten vollständig erfassen.

2. Bearbeitung

   Dozenten können die Aufnahmen mit Markup- und Bildbearbeitungswerkzeugen bearbeiten und annotieren, sodass Sie Ihre Lehrinhalte leicht personalisieren können. Noch verblüffender ist, dass Sie das Video sogar während eines Live-Streams bearbeiten können: Sie können Übergänge, Farbschemata und andere kreative Möglichkeiten einbauen sowie den Ton mit Hintergrundmusik, Aufnahmen und Kodierungsoptionen aufwerten.

3. Gemeinsame Nutzung

   Dieses Tool bietet robuste Freigabe- und Veröffentlichungsoptionen und ermöglicht die Kompatibilität von Videostreams mit allen oder ausgewählten Live-Stream-Plattformen. Es ermöglicht zusätzlich die Speicherung der Videoaufzeichnungen als Video-, Audio- oder GIF-Datei.

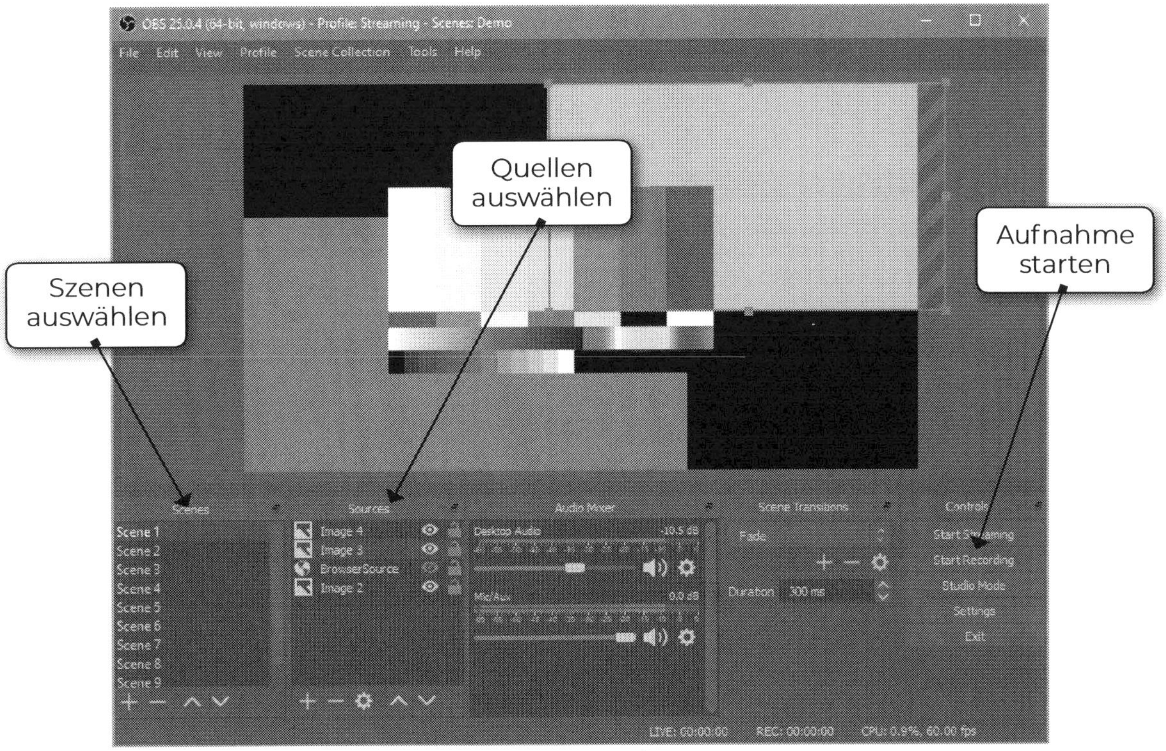
OBS 25.0.4 (64-bit, windows) - Profile: Streaming - Scenes: Demo
File Edit View Profile Scene Collection Tools Help
Quellen auswählen
Aufnahme starten
Szenen auswählen
Scenes
Sources
Audio Mixer
Scene Transitions
Controls
Scene 1
Scene 2
Scene 3
Scene 4
Scene 5
Scene 6
Scene 7
Scene 8
Scene 9
Image 4
Image 3
BrowserSource
Image 2
Desktop Audio
Mic/Aux
Fade
Duration 300 ms
Start Recording
Studio Mode
Settings
Exit
LIVE: 00:00:00 REC: 00:00:00 CPU: 0.9%, 60.00 fps

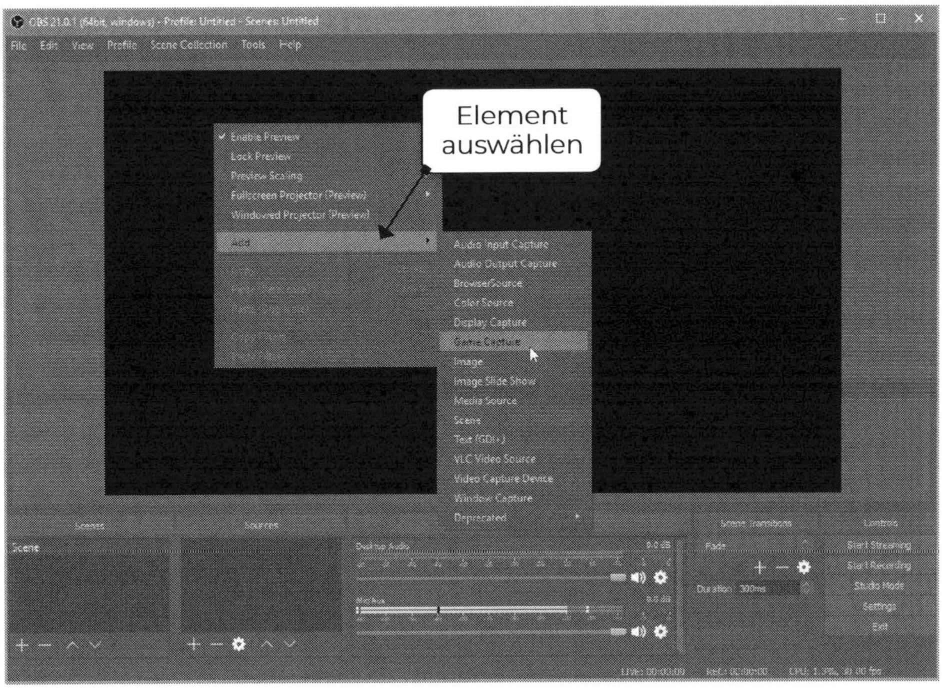
Element auswählen
Enable Preview
Lock Preview
Preview Scaling
Fullscreen Projector (Preview)
Windowed Projector (Preview)
Add
Audio Input Capture
Audio Output Capture
BrowserSource
Color Source
Display Capture
Game Capture
Image
Image Slide Show
Media Source
Scene
Text (GDI+)
VLC Video Source
Video Capture Device
Window Capture
Deprecated

HP5

https://h5p.org/

Englisch

Web

kostenlos

Beschreibung:

H5P ist ein webbasiertes Tool, mit dem LehrerInnen auf einfache Weise reichhaltige und interaktive Web-Erlebnisse erstellen können. Dieses Webtool bietet Ihnen Zugang zu vielen interaktiven Inhalten wie Präsentationen, interaktive Videos, Memory-Spiele, Quiz und vieles mehr. Mit H5P können Sie mobilfreundliche, interaktive E-Learning-Inhalte im HTML5-Format direkt in einem Webbrowser erstellen.

Anwendungsmöglichkeiten:

1. Barrierefreiheit

   H5P macht die Arbeit für LehrerInnen um Vieles einfacher. Es ermöglicht Ihnen, Inhalte direkt von Ihrem Browser aus zu erstellen, zu bearbeiten und zu veröffentlichen, ohne dass Installationen, Plugins oder technische Kenntnisse erforderlich sind. Dieses Tool ist auch für Lernende einfach zugänglich, da es mobil und kostenlos ist.

2. Gemeinsame Nutzung

   Die Zusammenarbeit ist durch seine Benutzergemeinschaft möglich, in der BenutzerInnen ihr Wissen, ihre Inhaltstypen und Codes austauschen können. Die interaktiven Inhalte können über die H5P-Plattform verbreitet werden, und vorhandene Inhalte können von anderen angepasst und wiederverwendet werden. Alle auf der H5P-Plattform erstellten Inhalte können in jede Website, jedes Content-Management-System oder jede Lernplattform integriert werden.

3. Engagement

   H5P bietet mit seinen verfügbaren Inhaltstypen unbegrenzte Möglichkeiten. Hier können Sie Präsentationen, interaktive Videos, Memory-Spiele, Quizzes, Multiple-Choice-Formulare, Zeitleisten, Flash-Karten sowie Collagen erstellen, die Lücken ausfüllen. Es bietet LehrerInnen eine großartige Möglichkeit, die Aufmerksamkeit ihrer SchülerInnen zu gewinnen und Ihnen die aktive Unterrichtsteilnahme zu ermöglichen, indem sie gestellte Fragen über ihre Geräte beantworten können.

Beispiele betrachten
Examples & downloads
Documentation
Goals & roadmap
Forum
My account
Log out
We will soon integrate an OER Hub in the H5P Authoring tool!
Learn more
Create Interactive content
Inhalt hochladen
Nach Inhaltstypen suchen
Select content type
Create Content
Upload
Search for Content Types
All Content Types
Popular First
Inhaltstypen anzeigen
Course Presentation
Create a presentation with interactive slides
Details

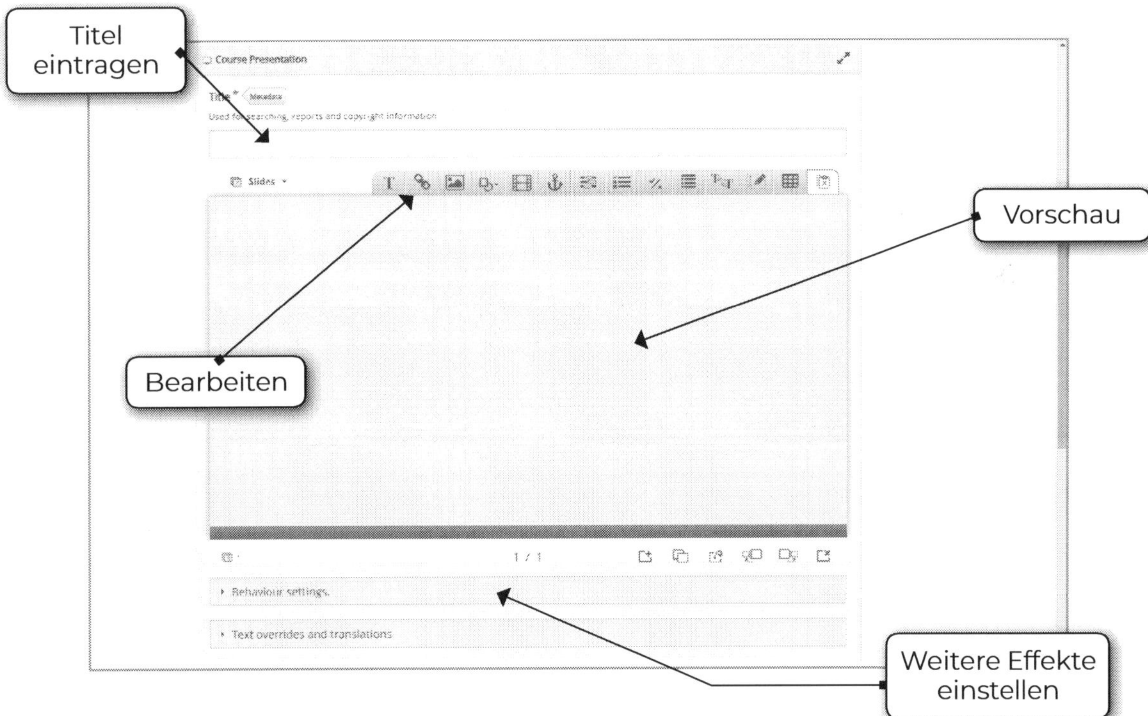
Titel eintragen
Course Presentation
Title
Used for searching, reports and copyright information
Slides
Vorschau
Bearbeiten
1 / 1
Behaviour settings
Text overrides and translations
Weitere Effekte einstellen

4.5 Tools zur Schülerverwaltung

Schulhefte kann man verlegen oder vergessen und das herkömmliche Klassenbuch hat auch schon seit Längerem ausgedient. Ob es um Klassenbucheinträge, die Verwaltung von Krankmeldungen, die Organisation des Elternsprechtages oder um Elternbriefe geht - mit den passenden Apps ist auf digitalem Weg alles in einem Bruchteil der Zeit erledigt. Auch die Hausaufgaben lassen sich via Webtool übersichtlich überwachen, sodass alle BeteiligtenLehrerIn, Eltern, SchülerIn - auf einen Blick sehen können, wann welche Aufgaben fällig sind oder wann es an der Zeit ist, für den nächsten Test zu lernen. Fast nebenbei lassen sich auch die Stundenplanerstellung und der Schulkalender sowie eine durchgehende Leistungsdokumentation inklusive Notenvergabe und An- und Abwesenheitsliste jedes Schülers und jeder Schülerin per App bewerkstelligen. Da sich einige angebotene Tools in ihren Funktionen ähneln, ist es sinnvoll zu vergleichen, welches den eigenen Bedürfnissen des Arbeitsalltags am ehesten genügt. Wegen ihrer Übersichtlichkeit und Anwenderfreundlichkeit ist die Lehrer-App sehr verbreitet, auch weil sie in puncto Datenverschlüsselung immer auf dem neuesten Stand ist.

Feedback ist auch für Lehrer wichtig. Eine App, die Rückmeldungen ermöglicht und umgekehrt einen zwanglosen Austausch über die Interessen der Jugendlichen bietet, schafft eine gute Unterrichtsatmosphäre - anz einfach dadurch, weil SchülerInnen,die motiviert sind und ihre Belange gehört werden, viel lieber am Unterricht teilnehmen.

Lernpfad

https://lernpfad.ch/

Englisch, Deutsch

Web

kostenlos

Beschreibung:

Lernpfad ist ein digitales Werkzeug, dass das Lernen mit Inhalten aus verschiedenen Quellen vereinfacht. LehrerInnen können den Lernpfad für ihre SchülerInnen anzeigen, Arbeitsaufträge und digitale Lernressourcen zu strukturierten Lernpfaden kombinieren, mit Gruppen und einzelnen Lernenden teilen und den Lernstatus ihrer SchülerInnen verfolgen.

Anwendungsmöglichkeiten:

1. Gliederung

   Die LehrerInnen werden sich auf dem Lernpfad leicht zurechtfinden. Mit seiner einfachen Editierfunktion und Abschriftenformatierung eignet sich dieses Werkzeug für alle Unterrichtsformen, Quellen und Formate.

2. Lernen

   Der Lernpfad ermöglicht es Lehrkräften, abgeschlossene Lernschritte abzuhaken, die Lernergebnisse hochzuladen und die Medien direkt im Lernpfad zu präsentieren, während die Lernenden in der Lage sind, selbständig zu arbeiten und ihre Ergebnisse ebenfalls zu speichern.

3. Umfrage

   Sobald der Unterricht beendet ist, können sich die LehrerInnen einen Überblick über den Bearbeitungsstatus der Lernschritte jedes einzelnen Schülers verschaffen und den Lernweg leicht mit anderen SchülerInnen teilen.

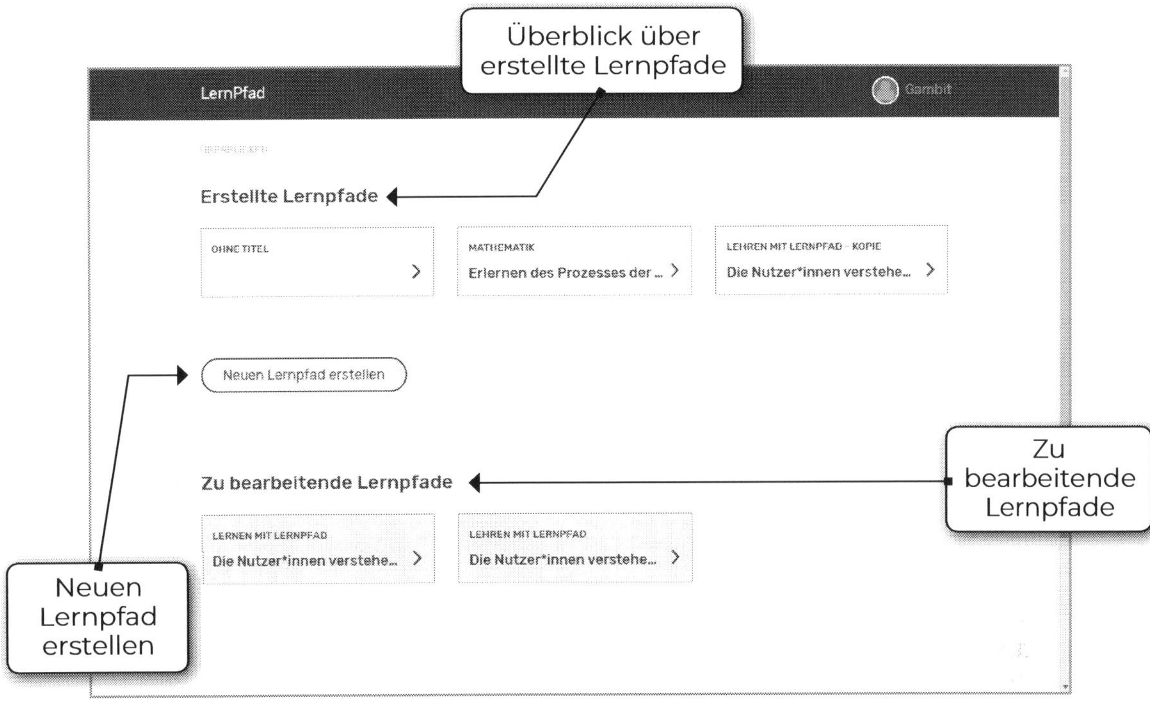
Überblick über erstellte Lernpfade
LernPfad
Gambit
Erstellte Lernpfade
OHNE TITEL
MATHEMATIK
Erlernen des Prozesses der ...
LEHREN MIT LERNPFAD - KOPIE
Die Nutzer*innen verstehe...
Neuen Lernpfad erstellen
Zu bearbeitende Lernpfade
LERNEN MIT LERNPFAD
Die Nutzer*innen verstehe...
LEHREN MIT LERNPFAD
Die Nutzer*innen verstehe...
Zu bearbeitende Lernpfade
Neuen Lernpfad erstellen

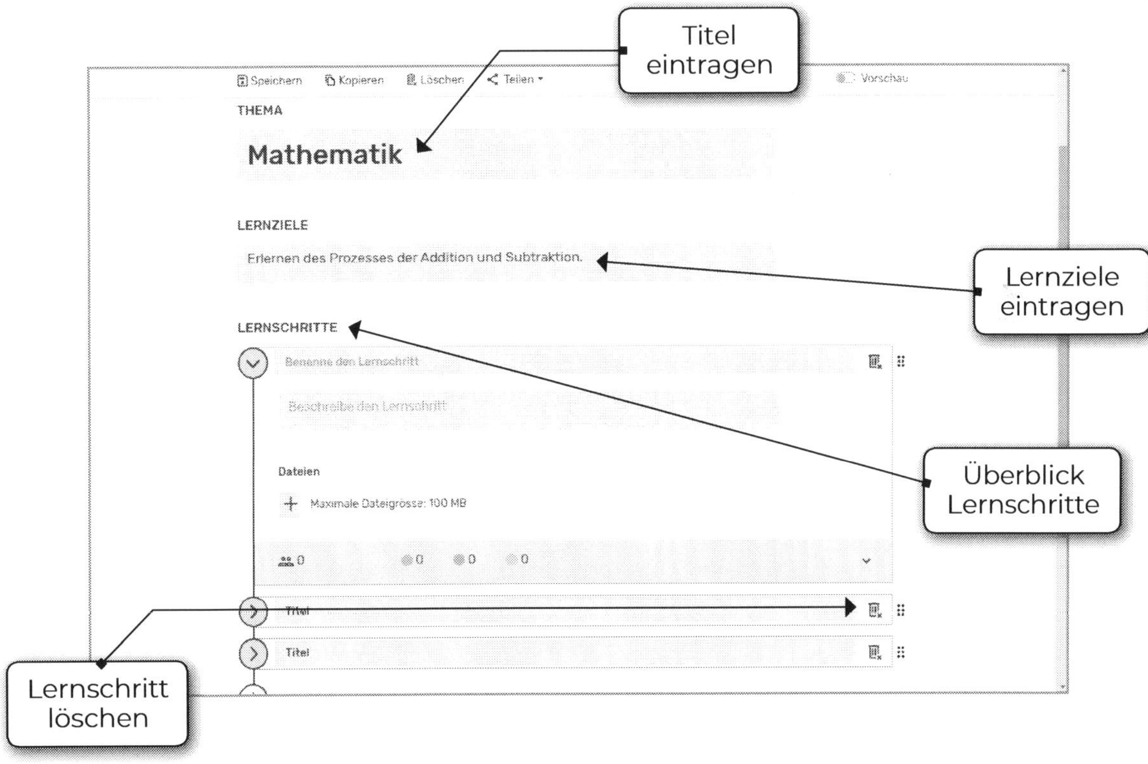
Titel eintragen
Speichern
Kopieren
Löschen
Teilen
Vorschau
THEMA
Mathematik
LERNZIELE
Erlernen des Prozesses der Addition und Subtraktion.
Lernziele eintragen
LERNSCHRITTE
Benenne den Lernschritt
Beschreibe den Lernschritt
Dateien
Maximale Dateigrösse: 100 MB
Überblick Lernschritte
Titel
Titel
Lernschritt löschen

4.5
Tools zur Schülerverwaltung

Duzzler

https://duzzler.com/

Englisch, Deutsch

Web

kostenlos

Beschreibung:

Duzzler ist ein Webtool zur Verwaltung von Hausaufgaben. Es hält SchülerInnen und Eltern über Hausaufgaben und andere Termine auf dem Laufenden. LehrerInnen müssen keine Zeit mehr verlieren und sich ständig mit ihren Hausaufgabenbüchern beschäftigen, da jeder in der Klasse immer weiß, welche Hausaufgaben zu welchem Zeitpunkt fällig sind.

Anwendungsmöglichkeiten:

1. Gruppierungen

   Die LehrerInnen können für jedes Fach, jede Klasse oder Gruppe so viele Hausaufgabengruppen erstellen, wie sie benötigen. Sie können auch Gruppen mit einem Klick verknüpfen, sodass Gruppenmitglieder auf den Inhalt anderer Gruppen zugreifen können. Dateien können in einen bestimmten Ordner geladen und für die Nutzung durch eine ausgewählte Gruppe oder die gesamte Schule heruntergeladen werden.

2. Hausaufgaben plus

   Zusätzlich zu den Hausaufgaben können die LehrerInnen auch die Daten der Tests mit einem speziellen Symbol eingeben und mit anderen Lehrkräften abstimmen. Sie können bei Bedarf sogar Arbeitsblätter zu den Hausaufgaben hinzufügen, damit abwesende SchülerInnen immer auf dem Laufenden sind.

3. Präsentation

   Symbolische Bilder aus einer integrierten Bildergalerie, Illustrationen und verschiedene attraktive Farbvorlagen können eingefügt werden, um die SchülerInnen noch mehr zu interessieren und zu motivieren. Hausaufgaben können auf den Bildschirm projiziert oder in eine PDF-Datei exportiert werden.

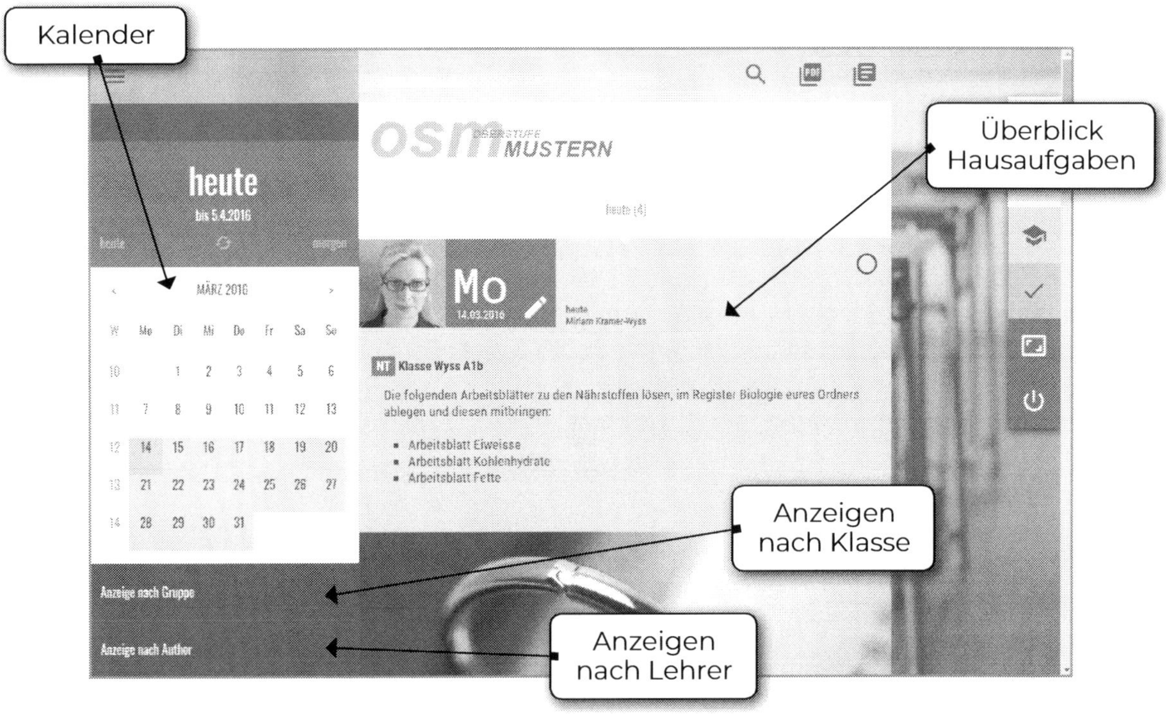
Kalender
Überblick Hausaufgaben
Anzeigen nach Klasse
Anzeigen nach Lehrer
heute
bis 5.4.2016
MÄRZ 2016
MUSTERN
Mo
Klasse Wyss A1b
Die folgenden Arbeitsblätter zu den Nährstoffen lösen, im Register Biologie eures Ordners ablegen und diesen mitbringen:
Arbeitsblatt Eiweisse
Arbeitsblatt Kohlenhydrate
Arbeitsblatt Fette
Anzeige nach Gruppe
Anzeige nach Author

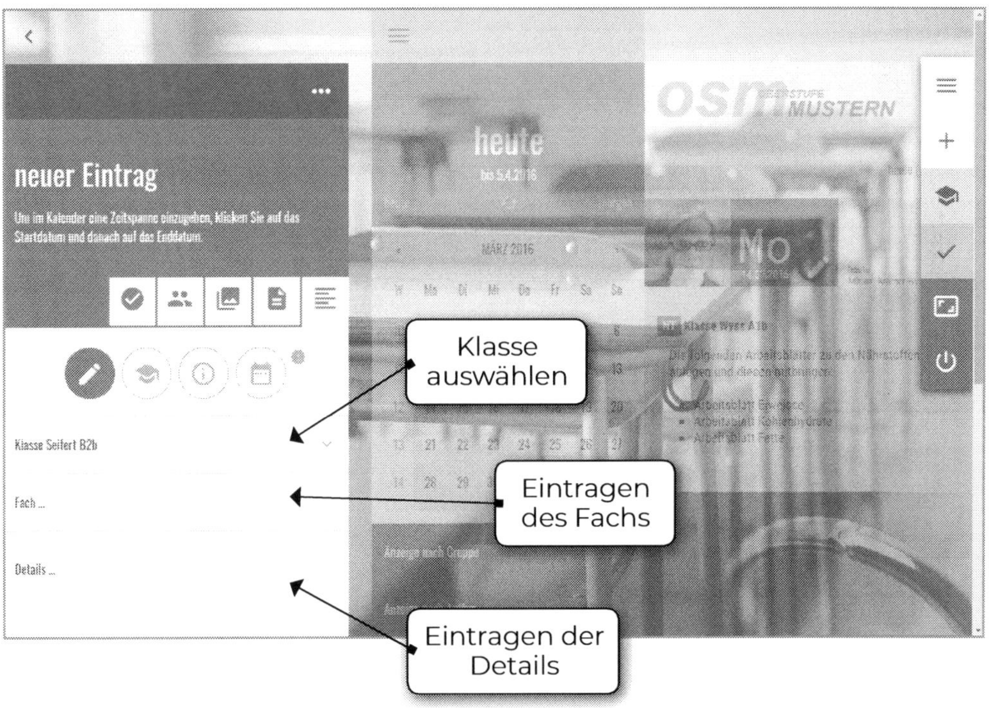
neuer Eintrag
Um im Kalender eine Zeitspanne einzugeben, klicken Sie auf das Startdatum und danach auf das Enddatum.
Klasse auswählen
Klasse Seifert B2b
Eintragen des Fachs
Fach ...
Eintragen der Details
Details ...

4.5
Tools zur
Schülerverwaltung

Teachertool

https://teachertool.de/de/teachertool-complete/

Englisch, Deutsch

Web, Mac, Windows, iOS

kostenpflichtig
Für mehr Informationen:
https://teachertool.de/de/teachertool-complete/abonnement/

Beschreibung:

TeacherTool ist digitaler Kalender, Notenbuch und Kursbuch in einem. Es bietet Werkzeuge für die Benotung, die Verwaltung von Abwesenheiten, Kommentare und Checklisten, die Erstellung von Sitzplänen und einen interaktiven Stundenplan. Außerdem bietet es umfangreiche Möglichkeiten zur Analyse und Dokumentation der Leistungen Ihrer SchülerInnen und Ihrer Unterrichtsinhalte.

Anwendungsmöglichkeiten:

1. Notenverwaltung

   Mit nur einem Klick können Sie jetzt die Noten der einzelnen SchülerInnen einsehen und eingeben. Die Noten werden aufaddiert und innerhalb der von Ihnen angelegten Kategorien berechnet. Alle Kategorien werden dann zur Ermittlung der Endnote verrechnet. Mit Teachertool können Sie auch eine Gewichtung für jede Note und Kategorie festlegen.

2. Abwesenheit

   Individuelle Symbole zum Notieren der Abwesenheit für die Stunde oder den Tag sind ebenfalls verfügbar. Außerdem gibt es das Stoppuhr-Symbol, das die Verspätungen regelt. Wenn Sie die Stoppuhr drücken, wenn der Schüler oder die Schülerin durch die Tür stolpert, gibt TeacherTool die Verspätung direkt in Minuten ein. Entschuldigungen werden unter dem Menüpunkt "Notiz" angezeigt, wo Sie eine Übersicht über die Abwesenheiten, Kommentare und Checklisten finden.

3. Kursbuch

   Im Kursbuch, das mit der Notenverwaltung verknüpft ist, können Sie den Lernstoff, die Fehlzeiten, Kommentare und Hausaufgaben eintragen, die den Lernfortschritt und die Leistung der SchülerInnen aufzeigen. Dies kann in Form eines Buches exportiert und ausgedruckt werden, das Sie unterschreiben und ggf. bei der Schulleitung abgeben können.

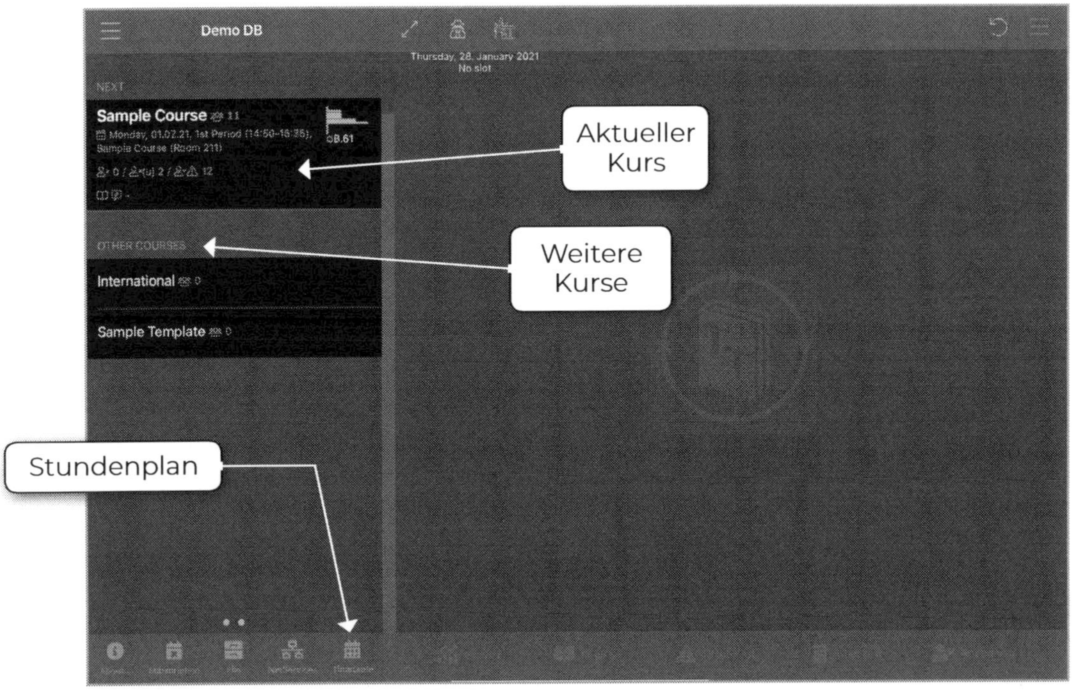
Demo DB
Thursday, 28. January 2021
No slot
NEXT
Sample Course
OTHER COURSES
International
Sample Template
Aktueller Kurs
Weitere Kurse
Stundenplan

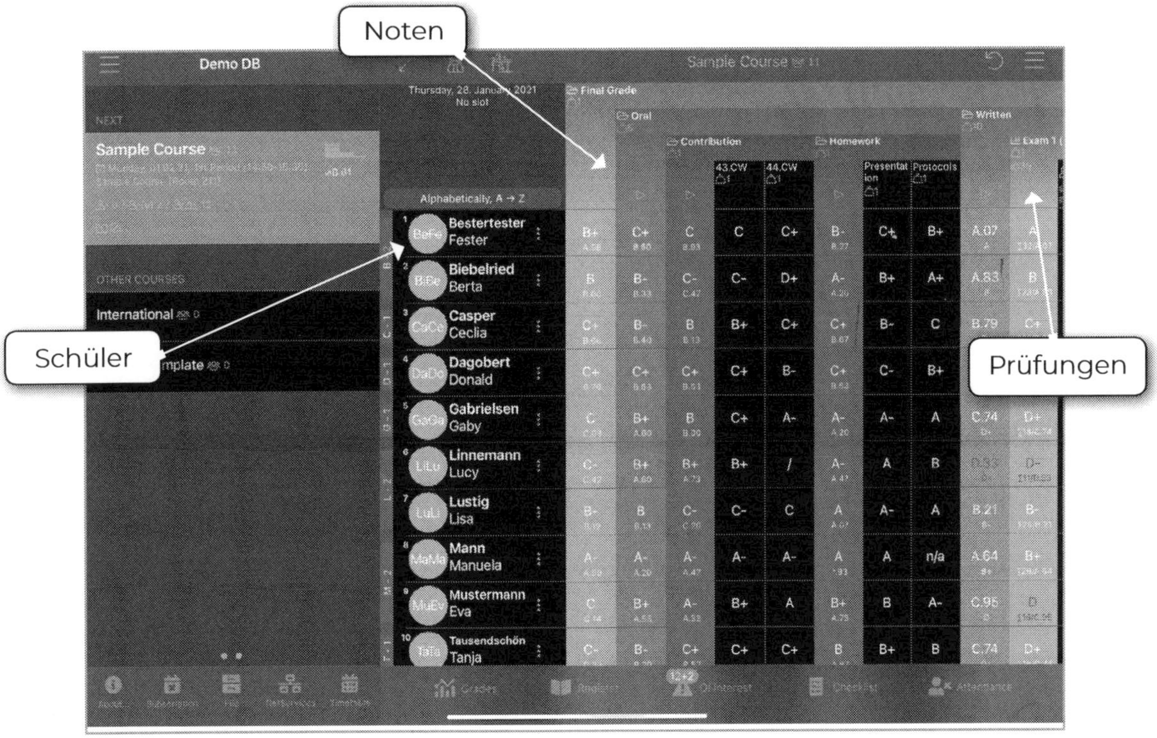
Noten
Demo DB
Thursday, 28. January 2021
No slot
Sample Course
NEXT
OTHER COURSES
International
Final Grade
Oral
Contribution
Homework
Written
Alphabetically, A → Z
Bestertester Fester
Biebelried Berta
Casper Ceclia
Dagobert Donald
Gabrielsen Gaby
Linnemann Lucy
Lustig Lisa
Mann Manuela
Mustermann Eva
Tausendschön Tanja
Schüler
Prüfungen

4.5
Tools zur Schülerverwaltung

Lehrerapp

https://www.lehrerapp.de/

Englisch, Deutsch

Web

kostenpflichtig
Für mehr Informationen:
https://www.lehrerapp.de/pages/die-preise

Beschreibung:

Lehrerapp ist ein digitaler Kalender für LehrerInnen und gilt als wichtigstes Utensil für den Schulalltag. Mit ihm können LehrerInnen den Unterricht planen, die An- und Abwesenheiten von SchülerInnen erfassen und Schülerprofile verwalten, inklusive Adressen und Noten. Der praktische Kalender bietet Ihnen einen Überblick über Ihre Tages-, Wochen- oder Monatsplanung.

Anwendungsmöglichkeiten:

1. Effektivität

   Lehrerapp hilft Ihnen, im Unterrichtsalltag Zeit zu sparen. Sie können überall und jederzeit mit jedem Gerät auf Ihre Daten zugreifen. Mit diesem Tool sind Sie nicht nur immer auf dem Laufenden, sondern erhalten auch die neuesten Unterrichtsmaterialien von 4teachers.de.

2. Kursbuch

   Die Kursbuchfunktion gibt Ihnen einen einfachen Überblick über den Lehrplan, die Unterrichtseinheiten und die An-/Abwesenheit der SchülerInnen, so dass Sie den Fortschritt Ihrer SchülerInnen organisieren und überblicken können. Die Schülerprofile mit Adressen und Fotos erleichtern Ihnen außerdem die Zuordnung der SchülerInnen zu den jeweiligen Kursen.

3. Datenschutz

   Schülerdaten sind sehr vertraulich und müssen daher sehr sensibel behandelt werden. Deshalb werden neben der sicheren Datenverschlüsselung die Server von Lehrerapp regelmäßig überwacht und die Daten mit modernster Verschlüsselungstechnik verschlüsselt übertragen und gespeichert.

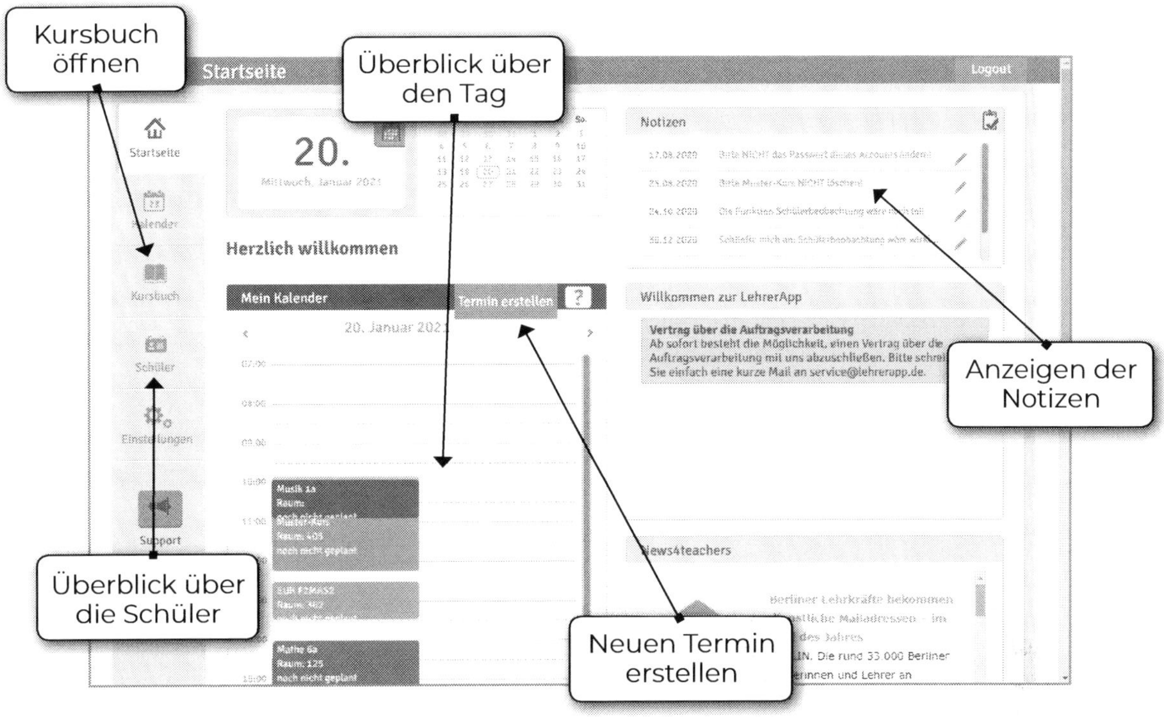
Kursbuch öffnen
Überblick über den Tag
Startseite
Logout
Notizen
Herzlich willkommen
Mein Kalender
Termin erstellen
Willkommen zur LehrerApp
Vertrag über die Auftragsverarbeitung
Anzeigen der Notizen
Überblick über die Schüler
Neuen Termin erstellen
News4teachers

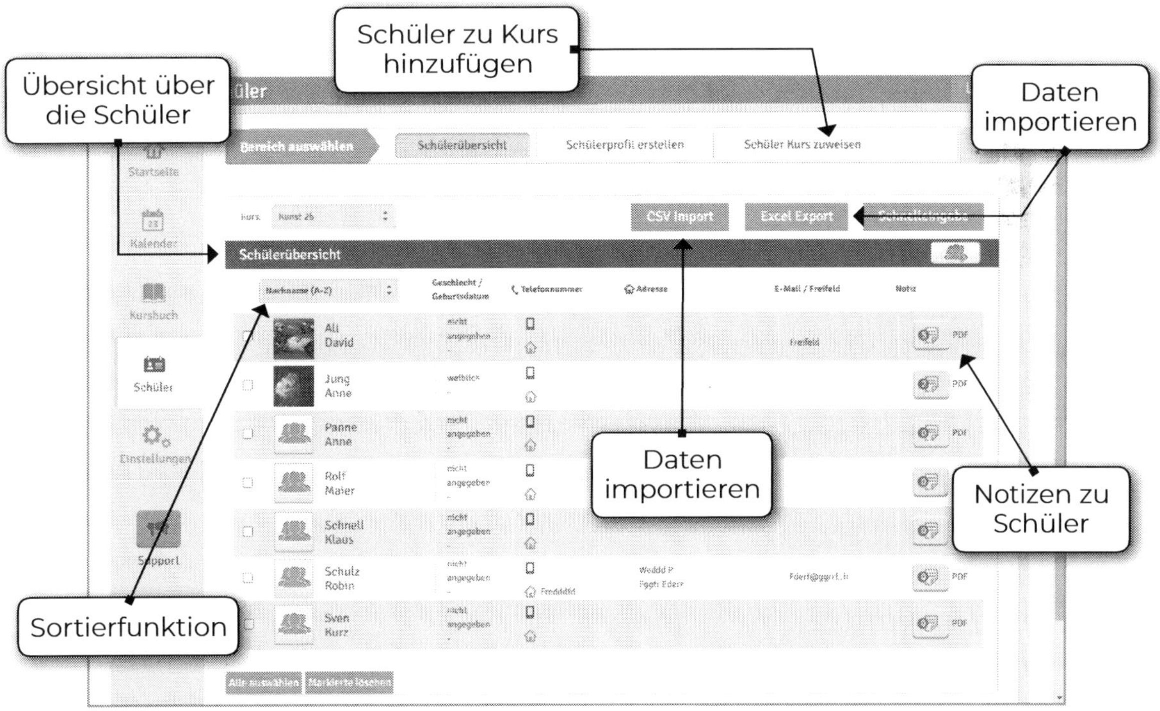
Schüler zu Kurs hinzufügen
Übersicht über die Schüler
Daten importieren
Bereich auswählen
Schülerübersicht
Schülerprofil erstellen
Schüler Kurs zuweisen
CSV Import
Excel Export
Schülerübersicht
Daten importieren
Notizen zu Schüler
Sortierfunktion

4.5
Tools zur Schülerverwaltung

Notenschlüssel

https://www.lehrerfreund.de/schule/1s/notenschluesselrechner/3608

Englisch, Deutsch

Web

kostenlos

Beschreibung:

Mit "Notenschlüssel" können LehrerInnen im Handumdrehen Notenschlüssel erstellen, anpassen und ausdrucken. Sie können sogar eine beliebige Notenskala definieren, Schlüssel berechnen, einen "Knick" einbauen, die Noten in verschiedenen Abstufungen (Zehntel, Viertel, Terzen, Halbe, Ganze) darstellen, wählen, ob Sie volle oder halbe Punkte vergeben wollen, lineare oder IHK-Schlüssel berechnen und die Notenschlüssel als CSV (Excel) herunterladen.

Anwendungsmöglichkeiten:

1. Punktnoten-Rechner (linear und Knick)

   Mit dem Linear-Punktnotenrechner erhalten Sie einen linearen Schlüssel, wenn Sie wissen, wie viele Punkte Sie für die beste Note in einer Klassenarbeit vergeben, während Sie mit dem Rechner mit Knick einen "Knick" in Ihren Schlüssel einbauen können (z. B. die "Vier" verschieben). Ihr Schlüssel wird auch in Echtzeit im Diagramm angezeigt.

2. Punktwert-Rechner (IHK-Schlüssel)

   Während die IHK-Richtlinien in der Regel ein Maximum von 100 Punkten vorsehen, können Sie mit diesem Rechner eine beliegibe maximale Punktzahl festlegen. LehrerInnen können dies nutzen, wenn sie in ihrer Klassenarbeit oder Prüfung eine andere Punktzahl als 100 verwenden wollen.

3. Fehlernoten-Rechner (linear)

   Sie können diesen Rechner verwenden, wenn Sie die schlechteste Note kennen, die Sie für jeden Fehler vergeben. LehrerInnen verwenden dies normalerweise für Vokabeltests.

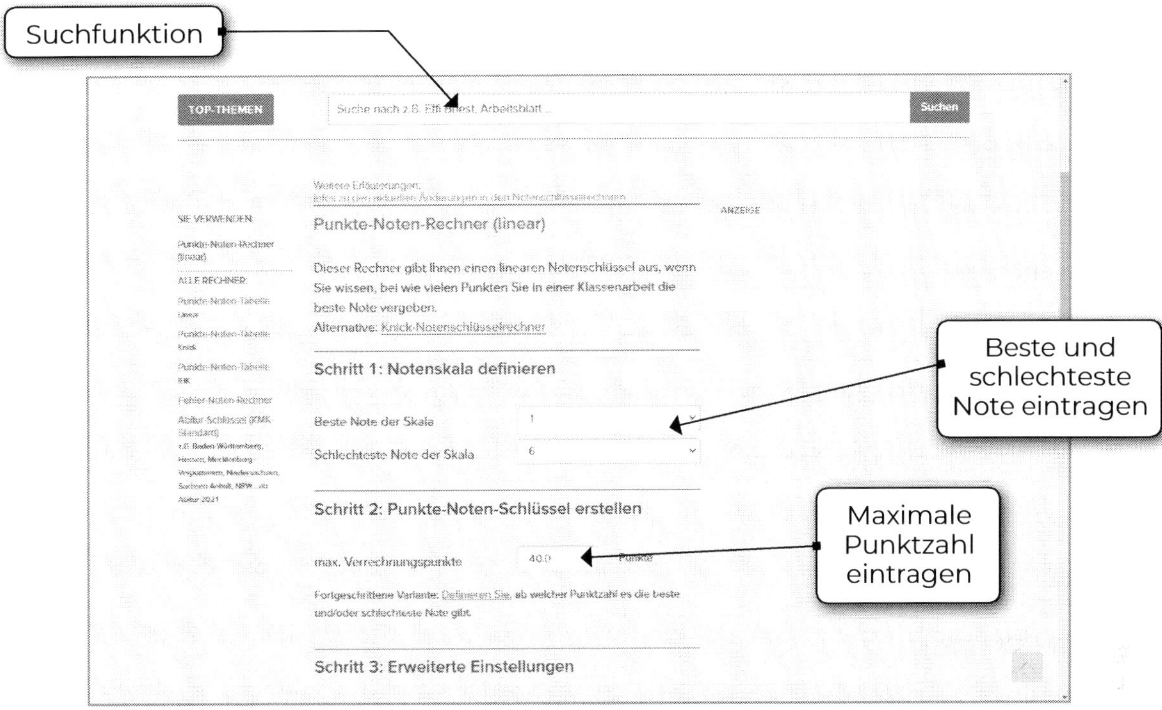
Suchfunktion
TOP-THEMEN
Suche nach z.B. Effi Briest, Arbeitsblatt ...
Suchen
SIE VERWENDEN:
Punkte-Noten-Rechner (linear)
ALLE RECHNER:
Fehler-Noten-Rechner
ANZEIGE
Punkte-Noten-Rechner (linear)
Dieser Rechner gibt Ihnen einen linearen Notenschlüssel aus, wenn Sie wissen, bei wie vielen Punkten Sie in einer Klassenarbeit die beste Note vergeben.
Alternative: Knick-Notenschlüsselrechner
Schritt 1: Notenskala definieren
Beste Note der Skala
Schlechteste Note der Skala
Beste und schlechteste Note eintragen
Schritt 2: Punkte-Noten-Schlüssel erstellen
max. Verrechnungspunkte
40.0
Punkte
Fortgeschrittene Variante: Definieren Sie, ab welcher Punktzahl es die beste und/oder schlechteste Note gibt.
Maximale Punktzahl eintragen
Schritt 3: Erweiterte Einstellungen

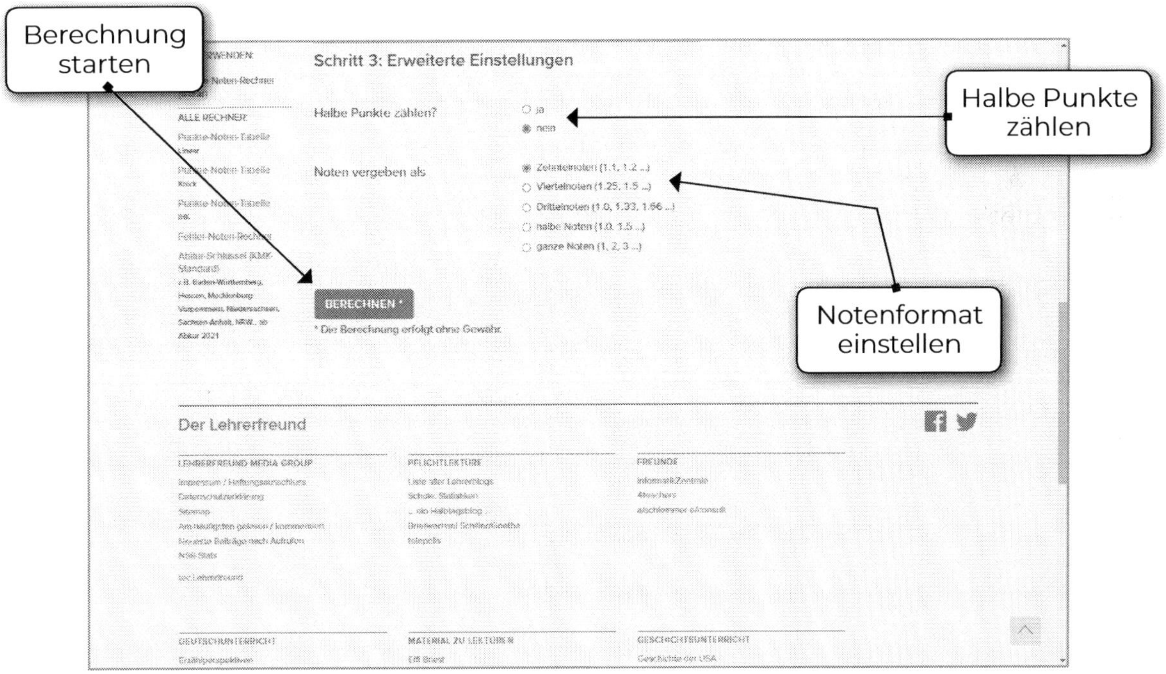
Berechnung starten
Schritt 3: Erweiterte Einstellungen
Halbe Punkte zählen?
ja
nein
Halbe Punkte zählen
Noten vergeben als
Zehntelnoten (1.1, 1.2 ...)
Viertelnoten (1.25, 1.5 ...)
Drittelnoten (1.0, 1.33, 1.66 ...)
halbe Noten (1.0, 1.5 ...)
ganze Noten (1, 2, 3 ...)
Notenformat einstellen
BERECHNEN *
* Die Berechnung erfolgt ohne Gewähr.
Der Lehrerfreund

4.5
Tools zur Schülerverwaltung

Nuudel

https://nuudel.digitalcourage.de/

Englisch, Deutsch

Web

kostenlos

Beschreibung:

Nuudel ist ein Tool, mit dem Sie Umfragen und Abstimmungen erstellen können, um Zeitpläne oder Meinungen zu ermitteln. LehrerInnen können Nuudel verwenden, um die Meinung der SchülerInnen zu Bereichen ihres Alltags einzuholen, wie z.B. wann und wo sie eine Veranstaltung abhalten werden, welchen Dokumentarfilm sie sich ansehen wollen, welches Thema zuerst besprochen werden soll und vieles mehr.

Anwendungsmöglichkeiten:

1. Flexibilität

   Das Webtool ist kostenlos und erfordert keine Registrierung. Es erlaubt Ihnen, eine Veranstaltung zu planen und eine Standardumfrage durchzuführen, mit den Optionen, die Anzahl der Befragten zu begrenzen (oder auch nicht) und die URL anzupassen.

2. Datenschutz

   LehrerInnen haben die Möglichkeit, ein Passwort zu verwenden, um den Zugriff bestimmter Personen auf die Umfrage einzuschränken und zwischen den Optionen zu wählen, dass alle TeilnehmerInnen jede Stimme wieder ändern können oder dass TeilnehmerInnen lediglich ihre eigenen Stimmen ändern können. Dies ist besonders praktisch, wenn Sie verhindern möchten, dass SchülerInnen ihre erste Meinung ändern oder die Abstimmung ihrer MitschülerInnen verändern.

3. Sicherheit

   Der Server verwendet keine Benutzerverfolgung, d.h. es werden keine IP-Adressen gespeichert, sondern nur die Inhalte, die Sie in die Formulare eingeben. Sie können sogar entscheiden, keine E-Mail-Adresse anzugeben, indem Sie im E-Mail-Feld etwas mit der Endung "@invalid" eingeben. Sowohl LehrerInnen als auch SchülerInnen können beruhigt sein, da die Abstimmungen und Umfragen ihrer Klasse datengeschützt sind.

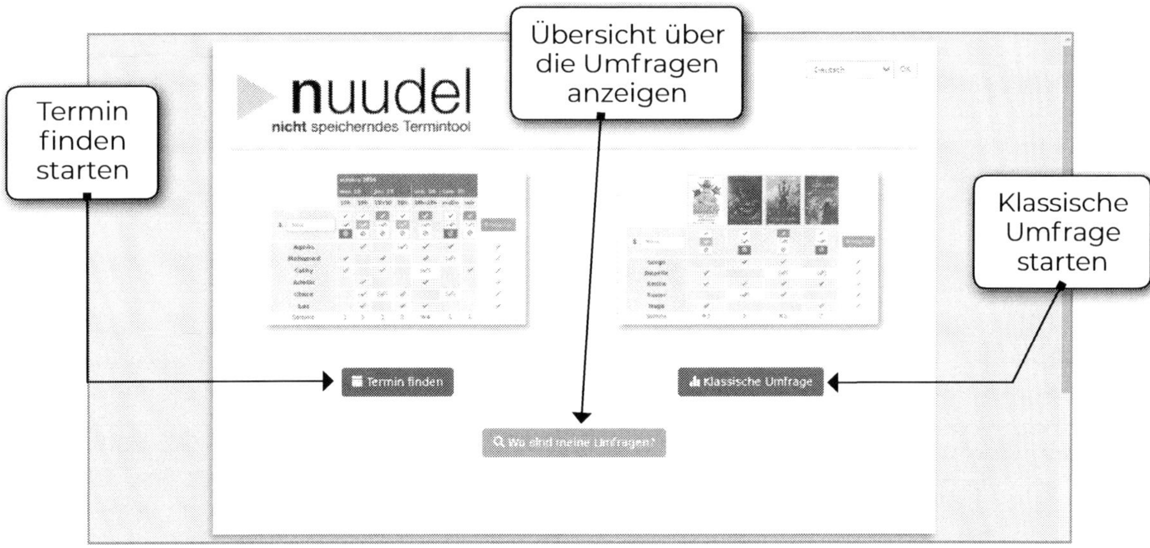
Termin finden starten
Übersicht über die Umfragen anzeigen
Klassische Umfrage starten
nuudel
nicht speicherndes Termintool
Termin finden
Klassische Umfrage
Wo sind meine Umfragen?

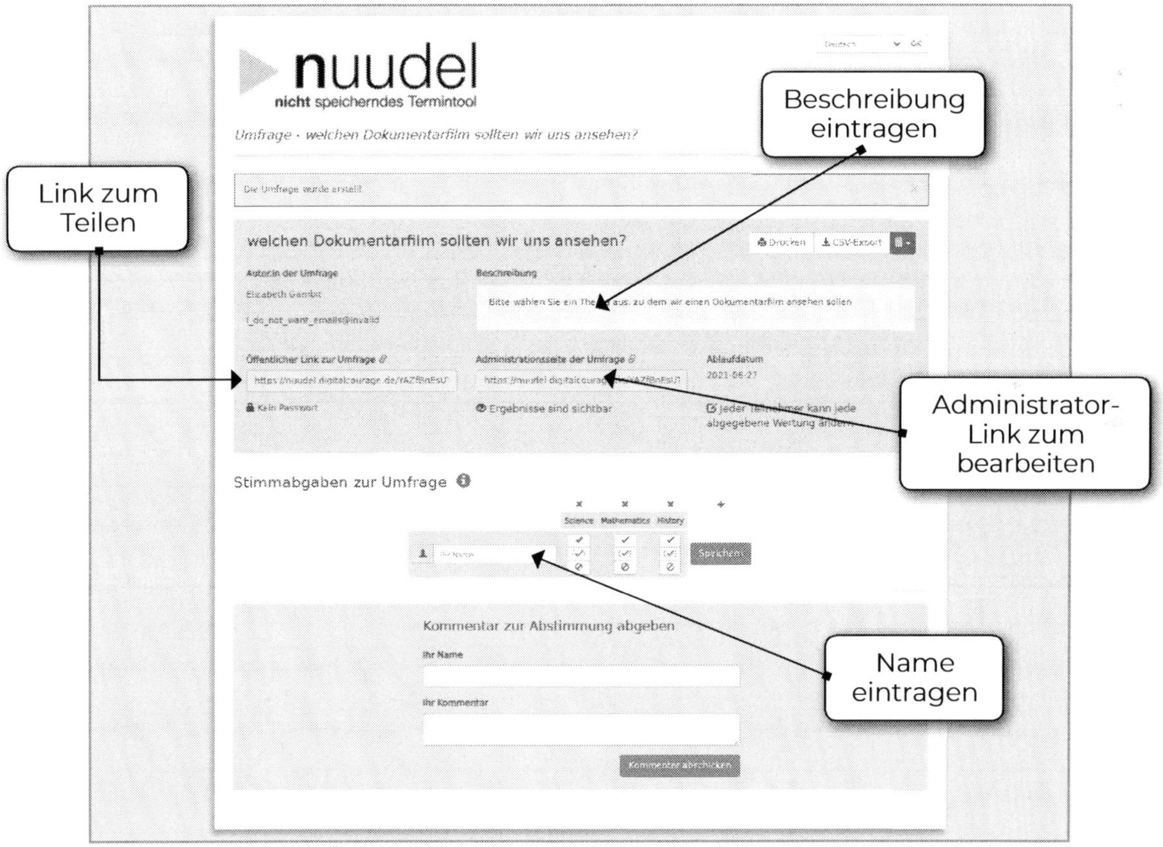
nuudel
nicht speicherndes Termintool
Umfrage - welchen Dokumentarfilm sollten wir uns ansehen?
Beschreibung eintragen
Link zum Teilen
Die Umfrage wurde erstellt
welchen Dokumentarfilm sollten wir uns ansehen?
Drucken
CSV-Export
Autor:in der Umfrage
Elizabeth Gambit
Beschreibung
Bitte wählen Sie ein Thema aus, zu dem wir einen Dokumentarfilm ansehen sollen
Öffentlicher Link zur Umfrage
Administrationsseite der Umfrage
Ablaufdatum
2021-06-27
Kein Passwort
Ergebnisse sind sichtbar
Administrator-Link zum bearbeiten
Stimmabgaben zur Umfrage
Science
Mathematics
History
Speichern
Kommentar zur Abstimmung abgeben
Ihr Name
Ihr Kommentar
Kommentar abschicken
Name eintragen

4.5
Tools zur
Schülerverwaltung

Meistertask

https://www.meistertask.com/de

Englisch, Deutsch

Windows, Mac, Android, iOS

kostenlose Basisversion
Für Bezahlversion siehe:
https://www.mindmeister.com/de/mt/signup

Beschreibung:

MeisterTask ist eine Arbeitsmanagement-App, die die Form einer Kanban-Tafel annimmt. Sie können die App entweder allein oder in einem Team verwenden, um Aufgaben zu verfolgen, die als Karten erscheinen, die von einer Stufe zur nächsten fortschreiten. LehrerInnen können ihren Lehrplan in ein Projekt verwandeln, das einem von ihnen entworfenen Arbeitsablauf folgt. Sie können Aufgaben definieren, die alle Materialien und Informationen enthalten, die die SchülerInnen an einem zentralen Ort benötigen sowie SchülerInnen dazu ermutigen, ihre eigenen Projekttafeln für Gruppenprojekte und Selbstmanagement zu erstellen und vieles mehr.

Anwendungsmöglichkeiten:

1. Projekt-Funktionen

   Meistertask lässt Sie bei der Personalisierung Ihrer Projekte das Steuer in die Hand nehmen. Sie können so viele Projektspalten anlegen, wie Sie wollen, und diese benennen und anordnen, wie Sie es sich vorstellen. Sie können alle Aufgaben innerhalb eines Projekts in einer Kalenderansicht betrachten, indem Sie diese auf der Zeitleiste platzieren. Das macht es viel einfacher, die Aufgaben zu verwalten und gleichzeitig den Fortschritt aus einer gehobenen Perspektive zu sehen.

2. Aufgaben-Funktionen

   Vermeiden Sie Chaos und Unordnung, indem Sie sich und Ihren SchülerInnen klare Ziele und Fristen setzen. Sie können einem Schüler oder einer Schülerin eine Aufgabe zuweisen und als BeobachterIn dabei sein, um die Zeit, die für eine Aufgabe aufgewendet wurde, mit dem Zeiterfassungssystem von Meistertask zu messen.

3. Analyse-Funktionen

   LehrerInnen können die Produktivität mit Statistiken und Berichten überwachen, die von diesem großartigen Tool bereitgestellt werden. Sie können sich einen Überblick über Ihr Team oder Projekt verschaffen, indem sie Berichte über abgeschlossene, überfällige oder anstehende Aufgaben herunterladen. Die Berichte aus dem Zeiterfassungssystem können auch als CSV exportiert werden.

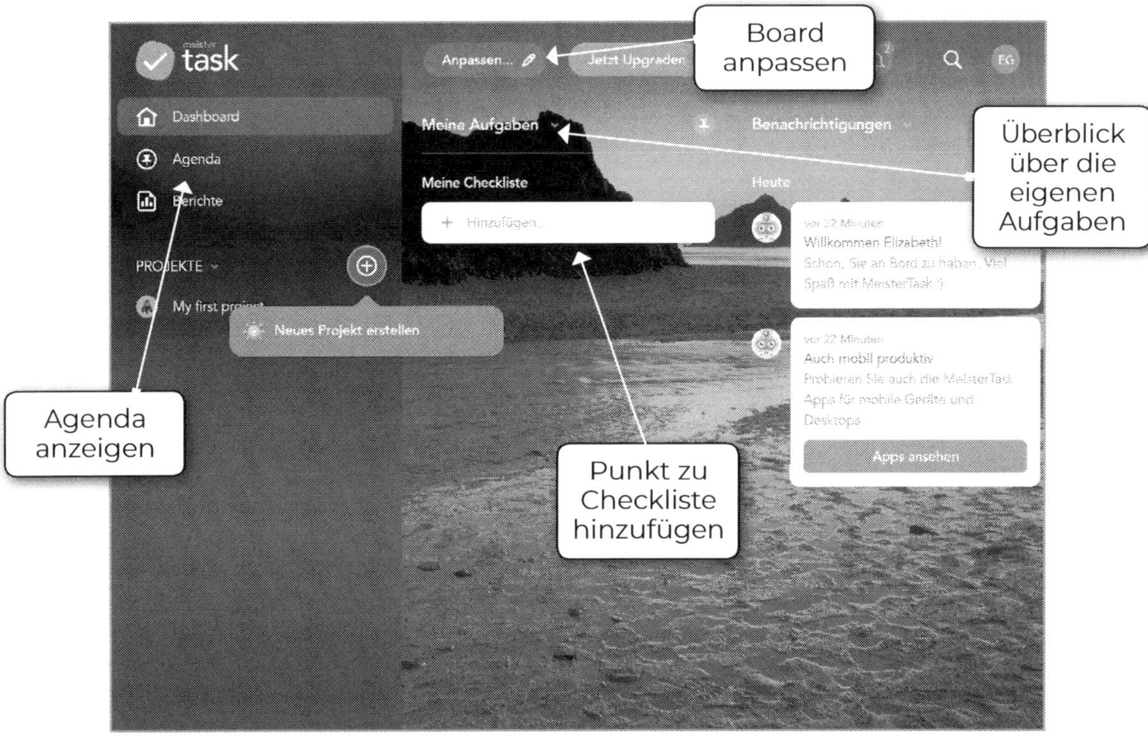

task
Anpassen...
Jetzt Upgraden
Board anpassen
Dashboard
Agenda
Berichte
Meine Aufgaben
Benachrichtigungen
Überblick über die eigenen Aufgaben
Meine Checkliste
Heute
Hinzufügen...
Willkommen Elizabeth!
PROJEKTE
My first project
Neues Projekt erstellen
Auch mobil produktiv
Agenda anzeigen
Punkt zu Checkliste hinzufügen
Apps ansehen

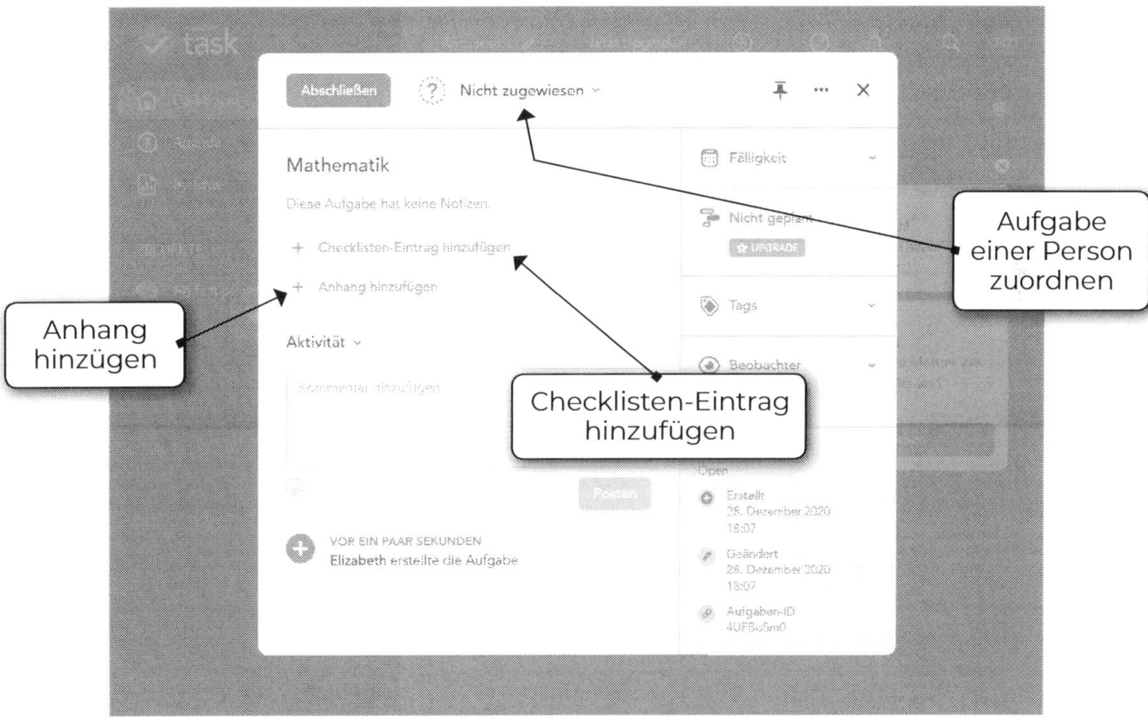

Abschließen
Nicht zugewiesen
Mathematik
Diese Aufgabe hat keine Notizen.
Fälligkeit
Checklisten-Eintrag hinzufügen
Anhang hinzufügen
Tags
Aufgabe einer Person zuordnen
Anhang hinzügen
Aktivität
Beobachter
Checklisten-Eintrag hinzufügen
VOR EIN PAAR SEKUNDEN
Elizabeth erstellte die Aufgabe

4.6 Tools für interaktives Lernen

Kinder wachsen mit modernen Medien auf und integrieren sie ganz selbstverständlich in ihre Spiele. Dementsprechend ist es ratsam, sie auf diese spielerische Weise auch den digitalen Unterricht kennenlernen zu lassen. Schule sollte möglichst nie langweilig sein, weil es sich bekanntermaßen am nachhaltigsten lernt, wenn das Lernen spielerisch geschieht und Spaß macht.

Diese Erkenntnis machen sich einige Tools zunutze, bei denen der Schwerpunkt auf „Interaktives Lernen“ liegt. Gerade für jüngere SchülerInnen ist es wichtig, in medienpädagogisch sinnvollen Apps eine breite Auswahl an Unterrichtsmaterial vorzufinden. Die Tools decken alle Fächer der Grundschule ab: von Deutsch über Mathematik, von Sachkunde bis Musik. Über Quiz, Mindmaps, Spiele und Videos erarbeiten sich die SchülerInnen in kindgerechten Suchmaschinen (die frei von Werbebannern sind) eigenständig die aktuellen Unterrichtsthemen. Die Anbieter versprechen übrigens nur altergemäße Websites und einen ständig aktualisierten Datenschutz. Einzige Grundvoraussetzung, um alle Angebote richtig nutzen zu können, ist es, lesen zu können. Auch hierfür gibt es kostenloses, interaktives Lernmaterial per Webtool, das GrundschülerInnen neugierig auf das Lesenlernen durch sprachlich vereinfachte Texte (aus der Literatur) machen will.

LehrerInnen haben in einigen Tools sogar die Möglichkeit zur (auch weltweiten) Interaktion. Sie können darin eigenes Lernmaterial durch vorhandenes erprobtes Material anderer KollegInnen ergänzen und umgekehrt selbst erarbeitete Unterlagen an diese weitergeben. Mit der passenden App ist das selbst bei sehr umfangreichen Dateien kein Problem mehr.

4.6
Tools für interaktives Lernen

GoConqr

https://www.goconqr.com/de

Englisch, Deutsch

Web

Kostenlose Basisversion
Für Bezahlversionen siehe:
https://www.goconqr.com/de/payments/compare

Beschreibung:

GoConqr ist eine soziale Lernplattform, die das Erstellen und Teilen von Lerninhalten ermöglicht. Sie ermöglicht den Zugriff auf eine Vielzahl von Inhaltstypen wie Mindmaps, Quiz, Notizen, Flussdiagrammen und Folien. LehrerInnen können dieses Webtool nutzen, um ihre SchülerInnen zu motivieren, indem sie Lernmaterialien erstellen, die visuell ansprechend und informativ sind. Sie können ihre eigenen Materialien erstellen oder aus Millionen von nutzergenerierten Ressourcen wählen, die sie kopieren und modifizieren können. Es ermöglicht LehrerInnen auch die Zusammenarbeit mit PädagogInnen auf der ganzen Welt, welche die selben Themen unterrichten oder die gemeinsame Arbeit mit KollegInnen in privaten Gruppen.

Anwendungsmöglichkeiten:

1. Notizen

   Das Notizen-Tool hilft Ihnen, Informationen und Gedanken schnell zusammenzufassen. Es ermöglicht die schnelle Erfassung und Transkription Ihrer Ideen sowie die Zusammenarbeit und den Austausch von Notizen mit SchülerInnen und KollegInnen.

2. Mindmaps

   LehrerInnen können eine Mindmap verwenden, um ihre Ideen visuell besser darzustellen, was ihren SchülerInnen hilft, das Konzept besser zu verstehen. Sie können über einfache Diskussionen hinausgehen, indem Sie andere Ressourcen wie Notizen, Bilder oder Links damit verknüpfen.

3. Karteikarten

   Dieses Karteikarten-Tool ist perfekt dafür geeignet, Informationen wie Verben, Grammatikregeln, historische Daten, Formeln und andere interessante Fakten abzurufen und zu behalten. Die Karten sind einfach zu erstellen und erlauben Ihnen sogar, den Lernfortschritt Ihrer SchülerInnen zu verfolgen.

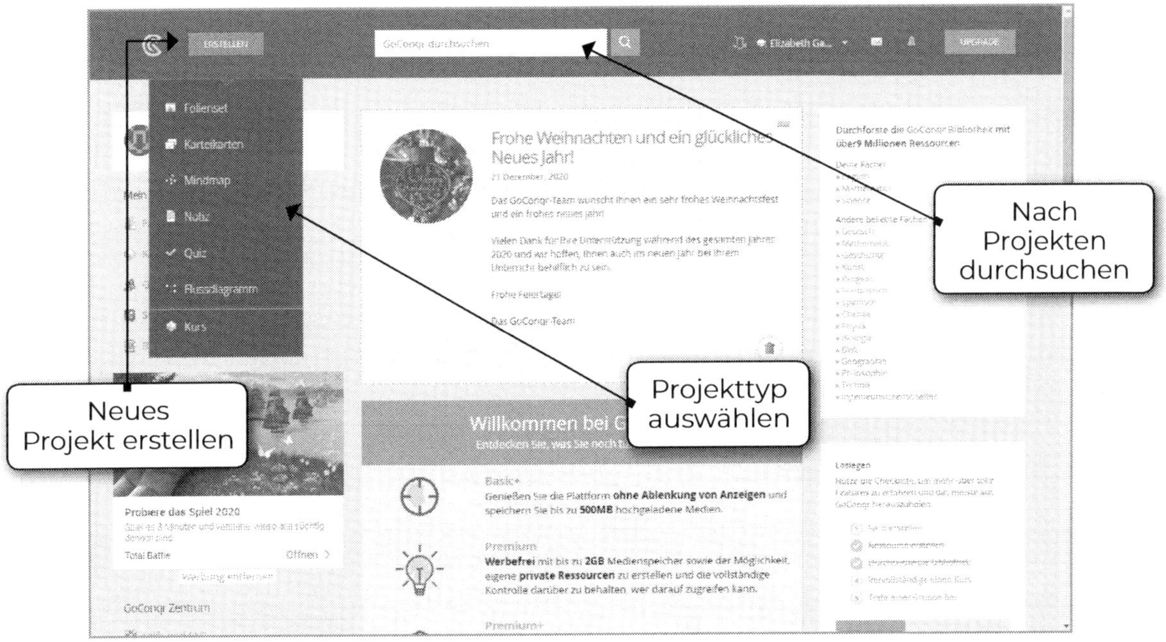

Nach Projekten durchsuchen
Projekttyp auswählen
Neues Projekt erstellen
ERSTELLEN
Folienset
Karteikarten
Mindmap
Notiz
Quiz
Flussdiagramm
Kurs
Frohe Weihnachten und ein glückliches Neues Jahr!

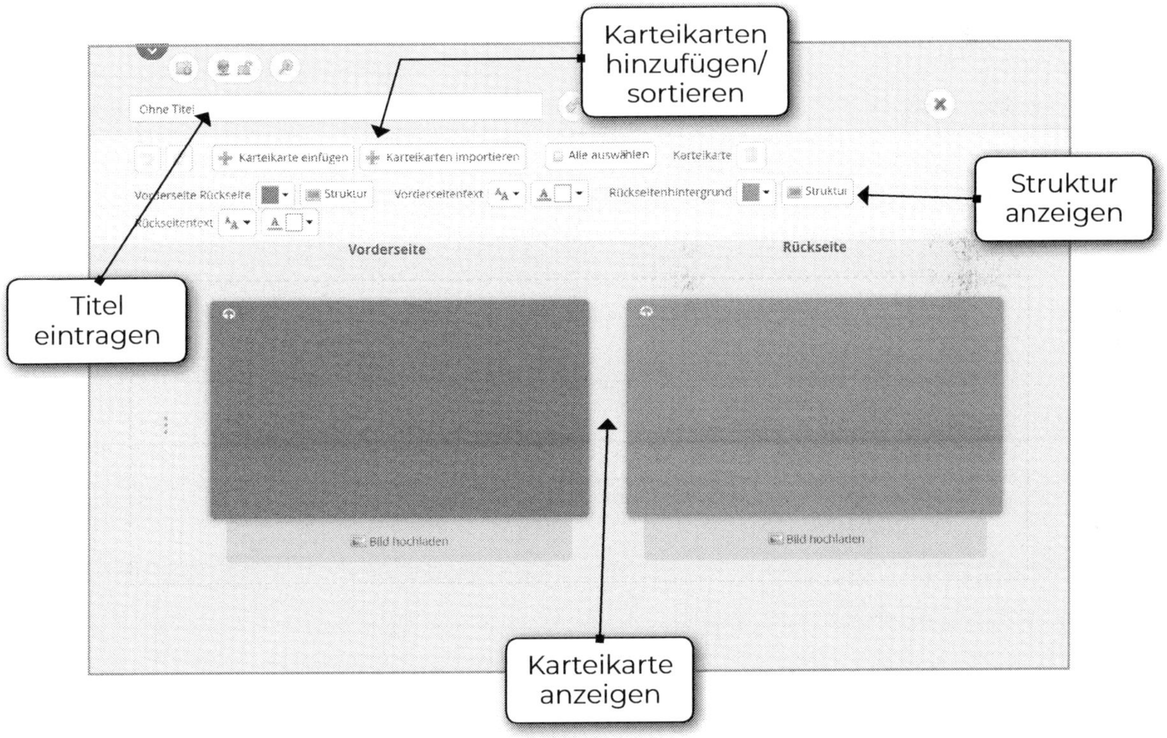

Karteikarten hinzufügen/ sortieren
Struktur anzeigen
Titel eintragen
Karteikarte anzeigen
Ohne Titel
Karteikarte einfügen
Karteikarten importieren
Alle auswählen
Vorderseite
Rückseite
Bild hochladen

4.6
Tools für interaktives Lernen

FragFinn

https://www.fragfinn.de/

Deutsch

iOS, Android, Web

kostenlos

Beschreibung:

FragFinn ist ein Onlinedienst, der mithilfe einer Whitelist einen geschützten Surfraum bereitstellt, der für Kinder geeignete Websites enthält. LehrerInnen können diese App verwenden oder den Eltern vorschlagen, diese App für ihre Kinder zu verwenden. So haben die Kinder die Gewissheit, dass sie frei im Internet lernen können, ohne dass für sie unnötige oder unsichere Inhalte auftauchen.

Anwendungsmöglichkeiten:

1. Sicheres Lernen

   Die App stellt 4.000 Websites zur Verfügung, die regelmäßig und vorab vom medienpädagogischen Team geprüft wurden und Kindern ein breites Spektrum an Lernmöglichkeiten bieten.

2. Interaktiv

   FragFinn bietet nicht nur tolle Lernseiten und Suchergebnisse, die sich an Kinder richten, sondern auch interaktives Lernen mit Linktipps, Videos, Spielen, Umfragen und Quizzen, die regelmäßig aktualisiert werden.

3. Anfragemöglichkeit

   Wenn die Kinder Fragen haben, die sie nicht finden konnten, können sie Finn schreiben und bekommen schnell eine Antwort. Das stärkt ihre neugierige und initiative Seite.

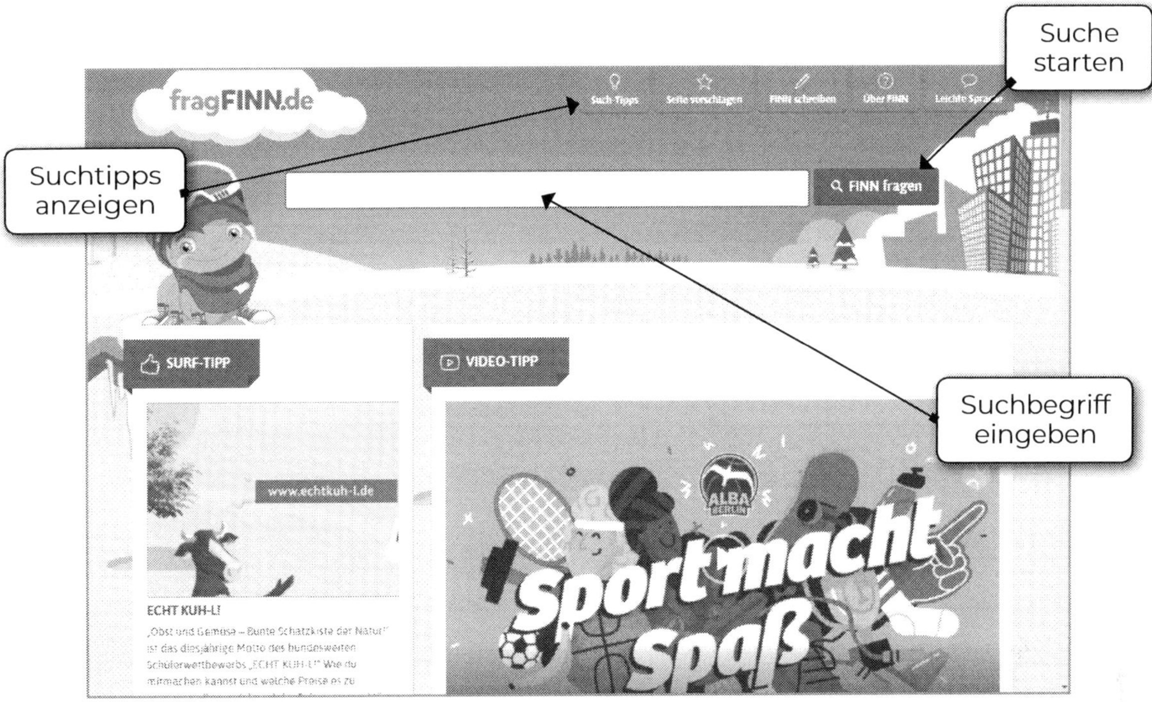
Suche
starten
fragFINN.de
Such-Tipps
Seite vorschlagen
FINN schreiben
Über FINN
Suchtipps
anzeigen
FINN fragen
SURF-TIPP
VIDEO-TIPP
Suchbegriff
eingeben
www.echtkuh-l.de
ECHT KUH-L!
Sport macht
Spaß

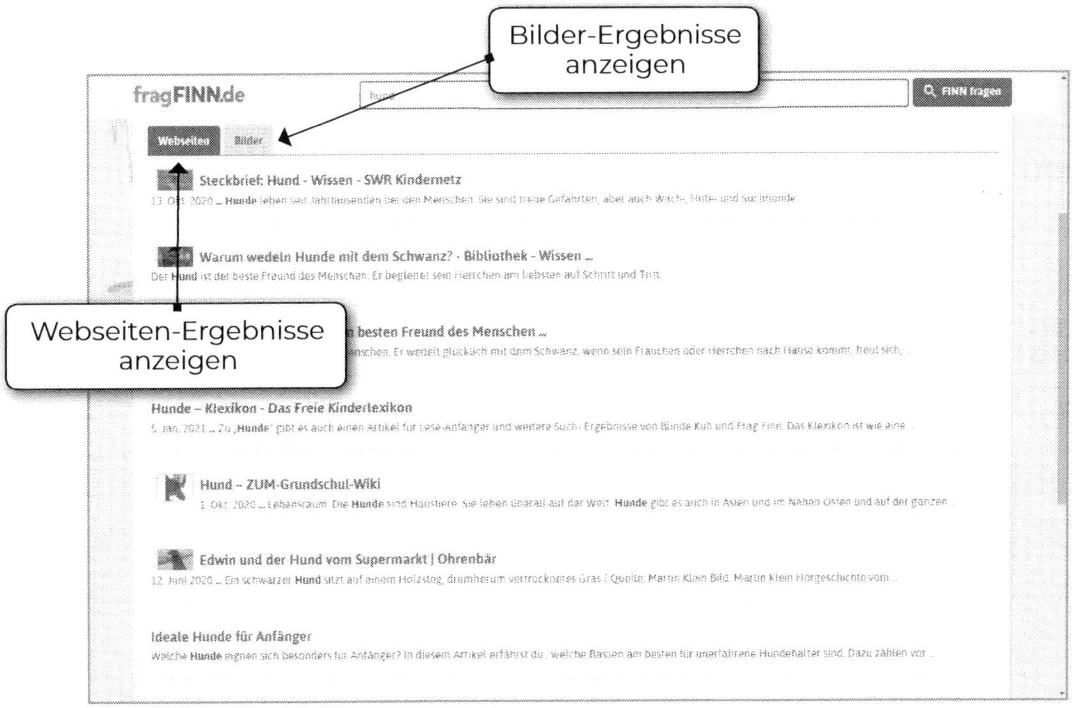
Bilder-Ergebnisse
anzeigen
fragFINN.de
FINN fragen
Webseiten
Bilder
Steckbrief: Hund - Wissen - SWR Kindernetz
Warum wedeln Hunde mit dem Schwanz? - Bibliothek - Wissen ...
Webseiten-Ergebnisse
anzeigen
besten Freund des Menschen ...
Hunde – Klexikon - Das Freie Kinderlexikon
Hund – ZUM-Grundschul-Wiki
Edwin und der Hund vom Supermarkt | Ohrenbär
Ideale Hunde für Anfänger

Blinde Kuh

https://www.blinde-kuh.de/index.html

Deutsch, Englisch

Android, iOS, Web

kostenlos

Beschreibung:

"Blinde Kuh" ist eine Suchmaschine, die sich an Kinder im Alter von 6 bis 12 Jahren richtet. Sie ermöglicht ein spielerisches und dennoch sicheres Surfen im Internet. Dieses Webtool sammelt nur Daten in Form von Logfiles, d. h. es werden keine persönlichen Daten erhoben, so dass der Datenschutz der Kinder gewährleistet ist.

Anwendungsmöglichkeiten:

1. Informationen

   Neben den Suchergebnissen zur Befriedigung der kindlichen Neugier bietet "Blinde Kuh" auch nützliche Surftipps, aktuelle Kinderzeitungen im PDF-Format, Podcasts sowie Film- und Buchbesprechungen, um die Kinder zu beschäftigen und zu informieren.

2. Engagement

   In der Spieledatenbank von "Blinde Kuh" finden sich Links zu Online-Spielen auf anderen Kinderseiten. So können die Kinder diese frei und sofort spielen. Es sind keine Werbebanner vor oder während des Spiels zu sehen. Ein weiteres tolles Feature ist, dass auch von Kindern geschriebene Geschichten, Gedichte oder Berichte im interaktiven Bereich der Seite veröffentlicht werden. Bilder, die Kinder selbst gemalt haben, werden ebenfalls veröffentlicht. Alles, was sie tun müssen, ist, sie zu schicken.

3. Individualisierung

   Kinder können entscheiden, wie ihre "Blinde Kuh" aussehen soll. Sie können die Hintergrundfarbe der Seite oder der einzelnen Module ändern.

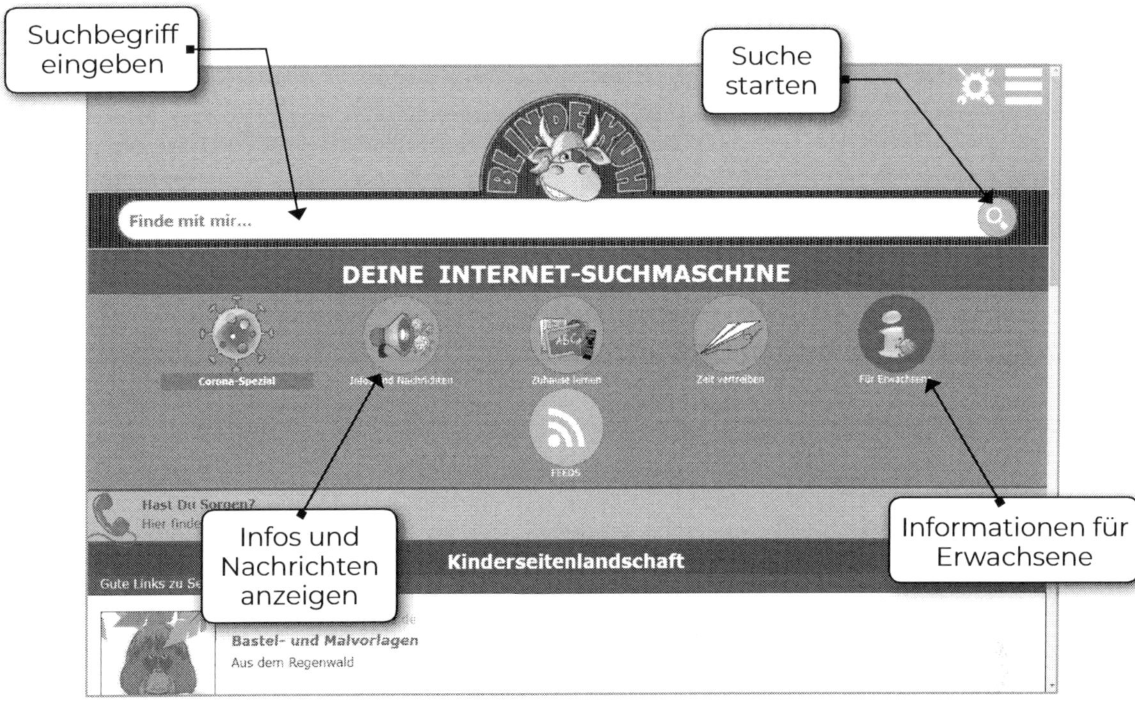
Suchbegriff eingeben
Suche starten
Finde mit mir...
DEINE INTERNET-SUCHMASCHINE
Corona-Spezial
Hast Du Sorgen?
Infos und Nachrichten anzeigen
Informationen für Erwachsene
Kinderseitenlandschaft
Bastel- und Malvorlagen
Aus dem Regenwald

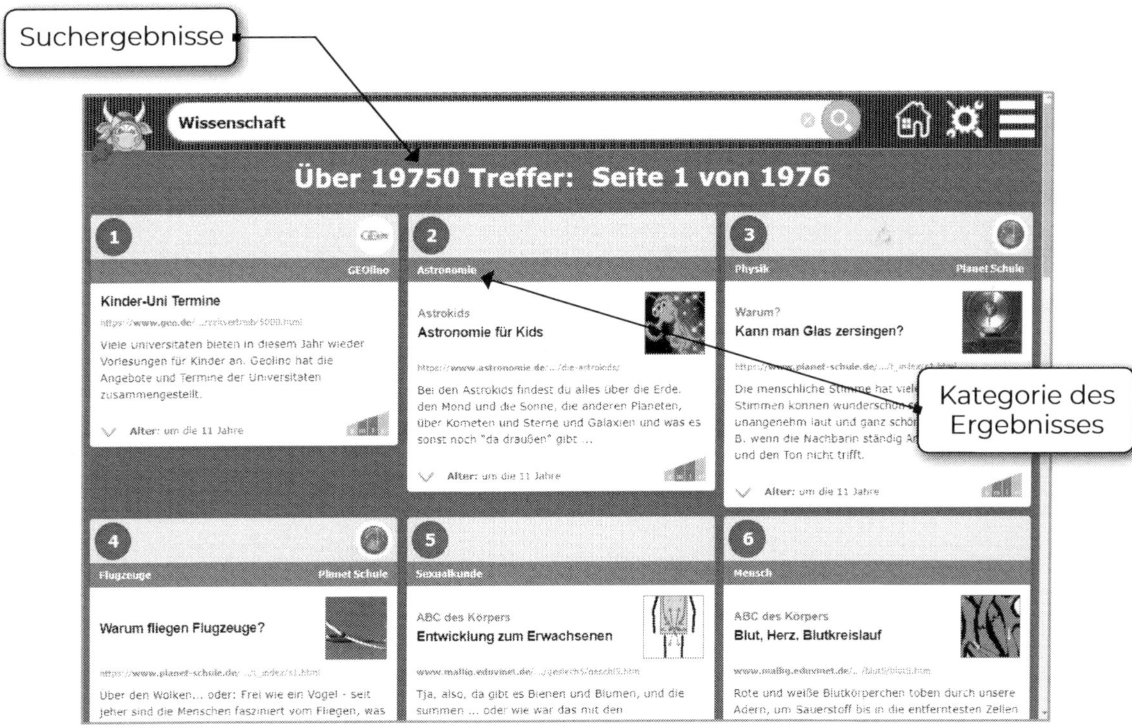
Suchergebnisse
Wissenschaft
Über 19750 Treffer: Seite 1 von 1976
Kategorie des Ergebnisses
1
GEOlino
Kinder-Uni Termine
Viele Universitäten bieten in diesem Jahr wieder Vorlesungen für Kinder an. Geolino hat die Angebote und Termine der Universitäten zusammengestellt.
Alter: um die 11 Jahre
2
Astronomie
Astrokids
Astronomie für Kids
Bei den Astrokids findest du alles über die Erde, den Mond und die Sonne, die anderen Planeten, über Kometen und Sterne und Galaxien und was es sonst noch "da draußen" gibt ...
Alter: um die 11 Jahre
3
Physik
Planet Schule
Warum?
Kann man Glas zersingen?
Alter: um die 11 Jahre
4
Flugzeuge
Planet Schule
Warum fliegen Flugzeuge?
Über den Wolken... oder: Frei wie ein Vogel - seit jeher sind die Menschen fasziniert vom Fliegen, was
5
Sexualkunde
ABC des Körpers
Entwicklung zum Erwachsenen
Tja, also, da gibt es Bienen und Blumen, und die summen ... oder wie war das mit den
6
Mensch
ABC des Körpers
Blut, Herz, Blutkreislauf
Rote und weiße Blutkörperchen toben durch unsere Adern, um Sauerstoff bis in die entferntesten Zellen

Anton

https://anton.app/de/

Deutsch, Englisch

Web, iOS, Android

Kostenlose Basisversion
Für Bezahlversionen siehe:
https://anton.app/de/schullizenz/

Beschreibung:

Anton ist ein Allrounder im Bereich der Lern-Apps. Sie richtet sich an SchülerInnen der Klassen 1 bis 6 und bietet Aufgaben, Übungen und Lernspiele in den Fächern Deutsch, Mathematik, Sachkunde und Musik. Anton macht es leicht, die Aufmerksamkeit und Beteiligung der Kinder im Unterricht zu erreichen. Das Beste daran: Es ist kostenlos und kommt ohne Werbung für andere Produkte aus.

Anwendungsmöglichkeiten:

1. Engagement

   LehrerInnen müssen sich dank der Anton-App nie wieder mit gelangweilten SchülerInnen herumschlagen. Die Kinder bleiben engagiert und motiviert, insbesondere durch das Belohnungssystem, bei dem sie für jede Übung oder Aufgabe Sterne oder Trophäen sammeln können, die wiederum für die verfügbaren Minispiele eingelöst werden können.

2. Spaßige Fächer

   In Mathematik können die Kinder mit Spaß lernen, z. B. mit Zählen, Addition, Subtraktion und sogar Geometrie. Auch werden Bereiche der englischen Sprache abgedeckt, wie z. B. Lesen, die Phonetik, das Alphabet, Grammatik und vieles mehr. Kinder, die ihre verborgenen Talente entdecken möchten, werden sicher aufblühen, denn Anton bietet auch Musikthemen für Anfänger wie das Erlernen von Instrumenten, Melodien, Rhythmen und das Notenlesen.

3. Lernen

   Innerhalb der App können Gruppen erstellt werden, zu denen andere Personen über einen Einladungscode eingeladen werden können. LehrerInnen können ihre eigenen Lerngruppen erstellen und Hausaufgaben zuweisen. Im Lehrermodus können Sie außerdem die Lernfortschritte Ihrer SchülerInnen sowohl im Klassenzimmer als auch zu Hause nachverfolgen.

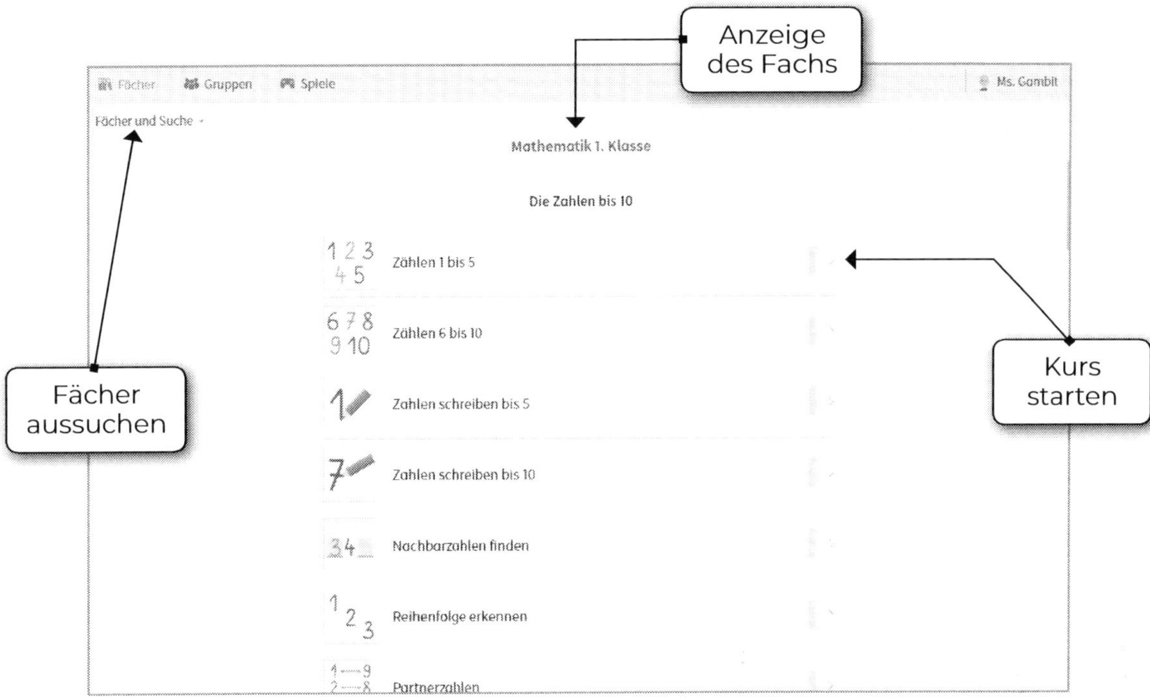

Anzeige des Fachs
Fächer
Gruppen
Spiele
Ms. Gambit
Fächer und Suche
Mathematik 1. Klasse
Die Zahlen bis 10
Zählen 1 bis 5
Zählen 6 bis 10
Zahlen schreiben bis 5
Zahlen schreiben bis 10
Nachbarzahlen finden
Reihenfolge erkennen
Partnerzahlen
Kurs starten
Fächer aussuchen

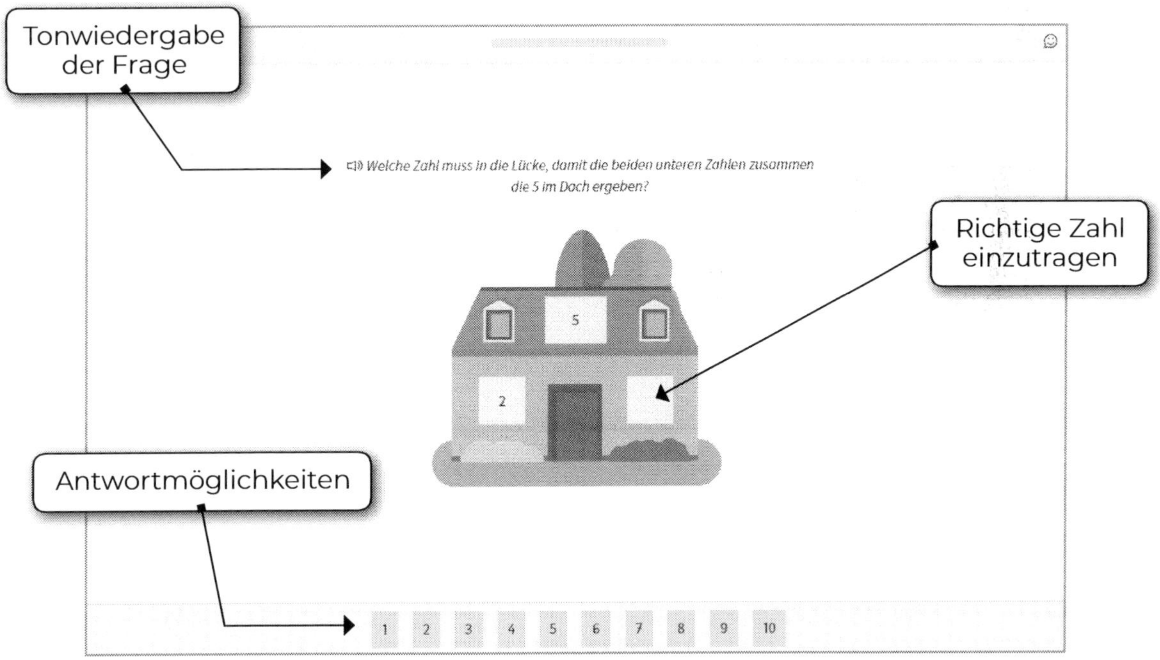

Tonwiedergabe der Frage
Welche Zahl muss in die Lücke, damit die beiden unteren Zahlen zusammen die 5 im Dach ergeben?
Richtige Zahl einzutragen
5
2
Antwortmöglichkeiten
1 2 3 4 5 6 7 8 9 10

4.6
Tools für interaktives Lernen

WeTransfer

https://wetransfer.com/

Englisch

Windows, Mac, Android, iOS

kostenlos
Für Bezahlversionen siehe:
https://about.wetransfer.com/products

Beschreibung:

WeTransfer bietet eine unkomplizierte Lösung zum Versenden großer Dateien von Fotos, Filmen und Dokumenten per E-Mail. LehrerInnen können große Dateien, wie z. B. die Kopie eines Dokumentarfilms, eine lange Powerpoint-Präsentation, Notizen usw., einfach an mehrere SchülerInnen gleichzeitig versenden.

Anwendungsmöglichkeiten:

1. Bequemlichkeit

   Diese App ist sowohl für Lernende als auch für Lehrende perfekt, da sie eine einfache Methode zum Teilen großer Dateien bietet. Mit dem kostenlosen Konto können Sie Dateien bis zu 2 GB (20 GB mit der kostenpflichtigen Version) versenden. Dies ist ideal für das Versenden großer Projekte.

2. Zugänglichkeit

   WeTransfer ermöglicht einen einfachen Zugang, da es völlig kostenlos ist und ohne Registrierung verwendet werden kann - lästiges Ausfüllen von Registrierungen und die Vergabe von Passwörtern gibt es bei WeTransfer nicht. Sie fügen einfach die E-Mail-Adresse des Empfängers hinzu und klicken auf "Senden". Sie brauchen keine zusätzliche Energie zu verschwenden, da die App die Arbeit erledigt, während Sie die zu übertragenden Dateien und die E-Mail-Adresse auswählen, an die sie gesendet werden sollen. BenutzerInnen der kostenlosen Version erhalten lediglich eine unaufdringliche ganzseitige Werbung.

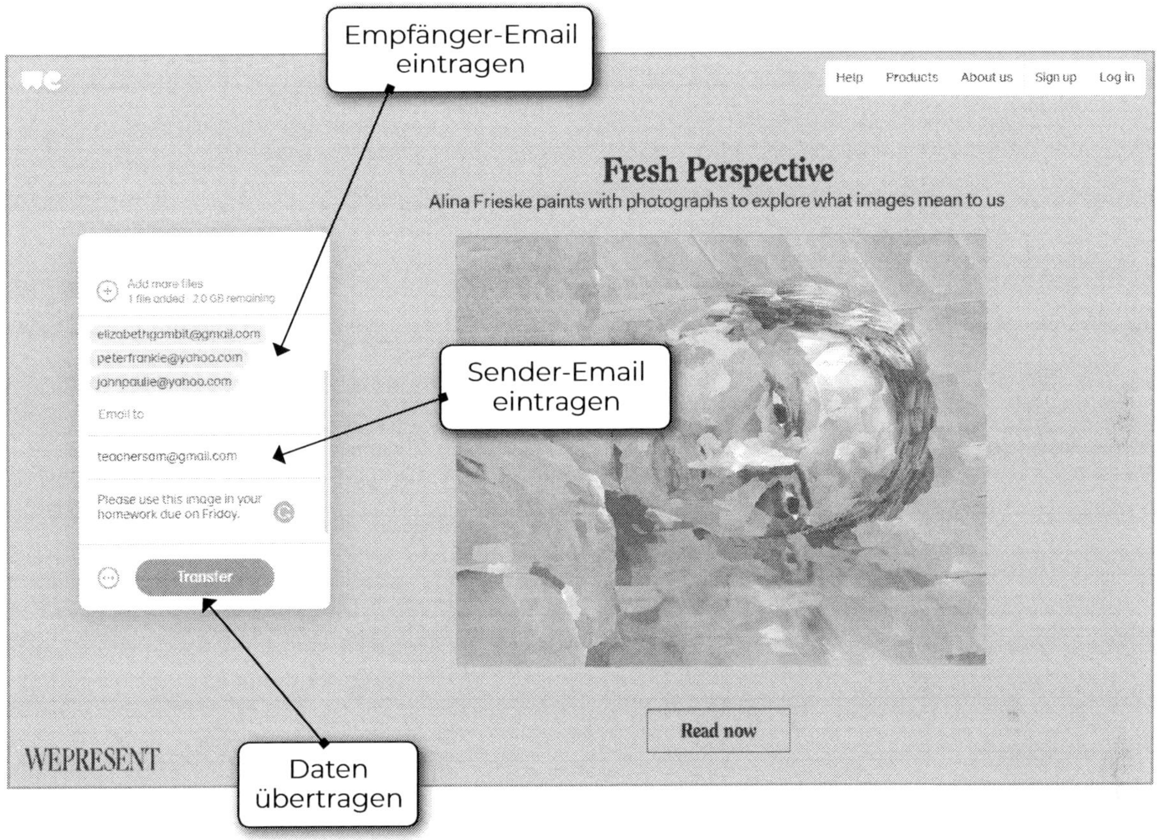
Empfänger-Email eintragen
Sender-Email eintragen
Daten übertragen
Help
Products
About us
Sign up
Log in
Fresh Perspective
Alina Frieske paints with photographs to explore what images mean to us
Add more files
elizabethgambit@gmail.com
peterfrankie@yahoo.com
johnpaulie@yahoo.com
Email to
teachersam@gmail.com
Please use this image in your homework due on Friday.
Transfer
Read now
WEPRESENT

4.6
Tools für interaktives Lernen
QR Code Generator

http://goqr.me/de/

Deutsch, Englisch

Web, iOS, Android

kostenlos

Beschreibung:

Mit QR Code Generator kann jeder Inhaltstyp online in QR-Codes umgewandelt werden. Abgesehen von all den anderen Möglichkeiten, wie Sie dieses Tool nutzen können, hilft es auch den SchülerInnen beim Lernen, indem es sie in den Unterricht einbindet. Indem Sie Ihre Klasse ihre Smartphones benutzen lassen, macht das Scannen von QR-Codes den Unterricht lustig und verlockend.

Anwendungsmöglichkeiten:

1. Anwesenheit

   Sowohl LehrerInnen als auch SchülerInnen können sich davon verabschieden, bei der Anwesenheitskontrolle "anwesend" oder "hier" zu sagen. Sie können den QR-Code-Generator verwenden, um die Anwesenheit zu markieren. Er spart eine Menge Zeit (und schont die Stimme) und schafft ein automatisiertes Anwesenheitssystem. Die SchülerInnen können einfach den Code scannen, der auf dem Bildschirm des Klassenzimmers angezeigt wird.

2. Zugänglichkeit

   QR-Codes sind praktisch, um SchülerInnen den Zugang zu Lernmaterialien oder den Besuch einer bestimmten Website zu erleichtern, ohne dass sie diese manuell eintippen müssen. Durch das Einfügen eines QR-Codes auf Printmedien können die SchülerInnen im Handumdrehen auf die URL springen.

3. Organisation

   Eine weitere Verwendung von generierten QR-Codes ist die Schüleridentifikation. Sie können sich das manuelle Kodieren der persönlichen Daten der SchülerInnen sparen. Sie können dieses Tool auch für die Kalenderverwaltung verwenden. Wenn Sie anstehende Klassenaktivitäten, Erinnerungen oder Veranstaltungen haben, können die SchülerInnen einfach den Code scannen, der sie zu den Informationen über die Aktivität weiterleitet. Auf diese Weise müssen Sie sie nicht ständig daran erinnern.

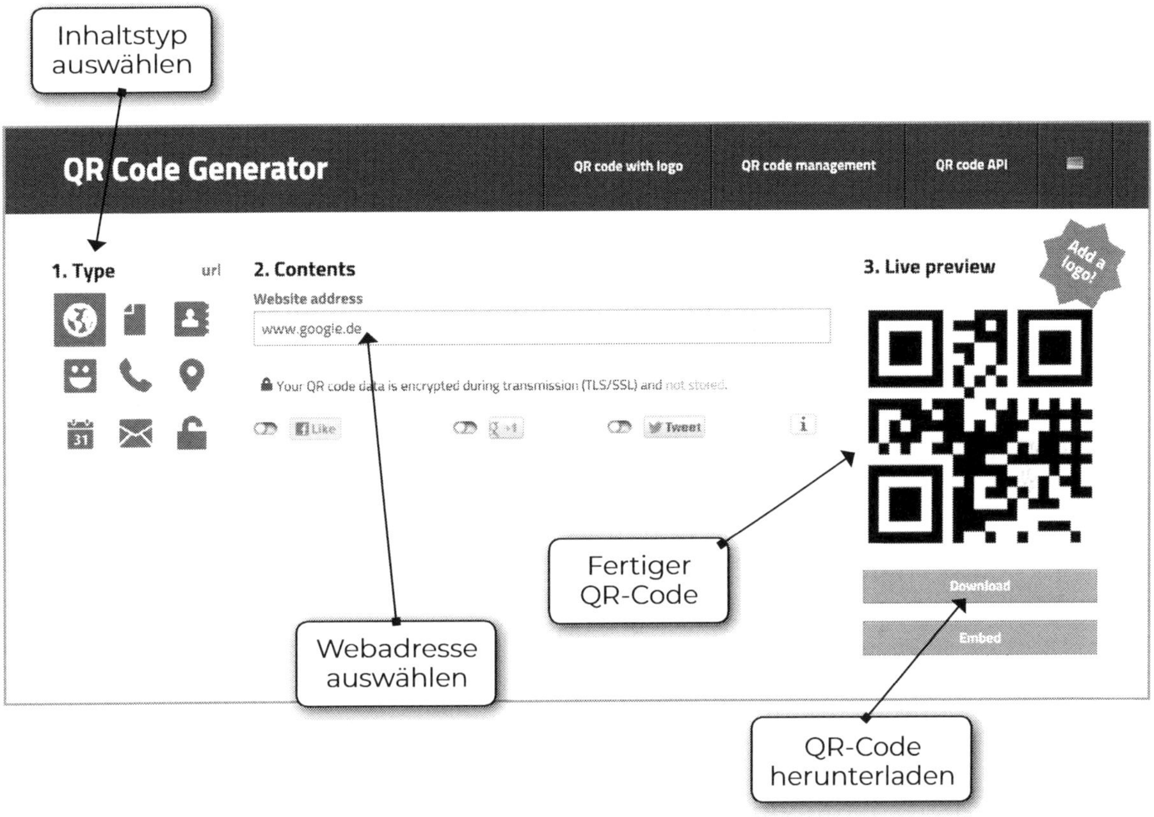
Inhaltstyp auswählen
QR Code Generator
QR code with logo
QR code management
QR code API
1. Type
url
2. Contents
Website address
www.googie.de
Your QR code data is encrypted during transmission (TLS/SSL) and not stored.
Like
Tweet
3. Live preview
Add a logo!
Download
Embed
Fertiger QR-Code
Webadresse auswählen
QR-Code herunterladen

4.6
Tools für interaktives Lernen

Bitly

https://bitly.com/

Englisch

Web, iOS,Android

kostenlose Basisversion
Für Bezahlversionen siehe:
https://bitly.com/pages/pricing/v2

Beschreibung:

Bitly ist eine Link-Management-Software, die bei der Erstellung und Verwaltung von benutzerdefinierten URLs hilft. s wandelt lange URL-Webadressen auf wenige Zeichen, die leichter zu merken oder manuell einzugeben sind. Diese App kann praktisch für LehrerInnen sein, die zahlreiche Links an ihre SchülerInnen senden müssen. Sie zeigt sogar an, wie viele SchülerInnen auf einen bestimmten Link geklickt haben.

Anwendungsmöglichkeiten:

1. Anpassen von URLs

   LehrerInnen können Bit.ly verwenden, um lange URLs in solche zu verwandeln, die einfacher zu tippen sind. Wenn Sie eine Google-Docs-URL gesehen haben, würden Sie diese wahrscheinlich nicht mit Ihren SchülerInnen teilen wollen. Sie können sie zu einem Hyperlink machen, aber wenn Sie wollen, dass die SchülerInnen sie nur einmal schnell ansehen, dann ist es am besten, sie einfach zu tippen. Das gilt z. B. auch für YouTube-Videos. Statt der kompletten URL können Sie sie beispielsweise durch ein leicht zu merkendes "bit.ly/aussprache123" ersetzen.

2. Google-Slides-Lektion

   Sie können eine Lektion auf Google Slides hochladen oder erstellen, den freigegebenen Link "nur anzeigen" in ein bit.ly umwandeln und den bit.ly-Link auf Ihrer ersten Folie anzeigen. Die SchülerInnen können dann den bit.ly-Link schnell auf ihren Geräten eingeben, um die Präsentation anzuzeigen.

3. Effektivität

   Während einer Arbeitspause können Sie Links erstellen, die zu Websites oder Unterrichtsmaterialien führen, die für Ihre Klasse bestimmt sind. Die Klasse wird auch ohne Sie produktiv bleiben.

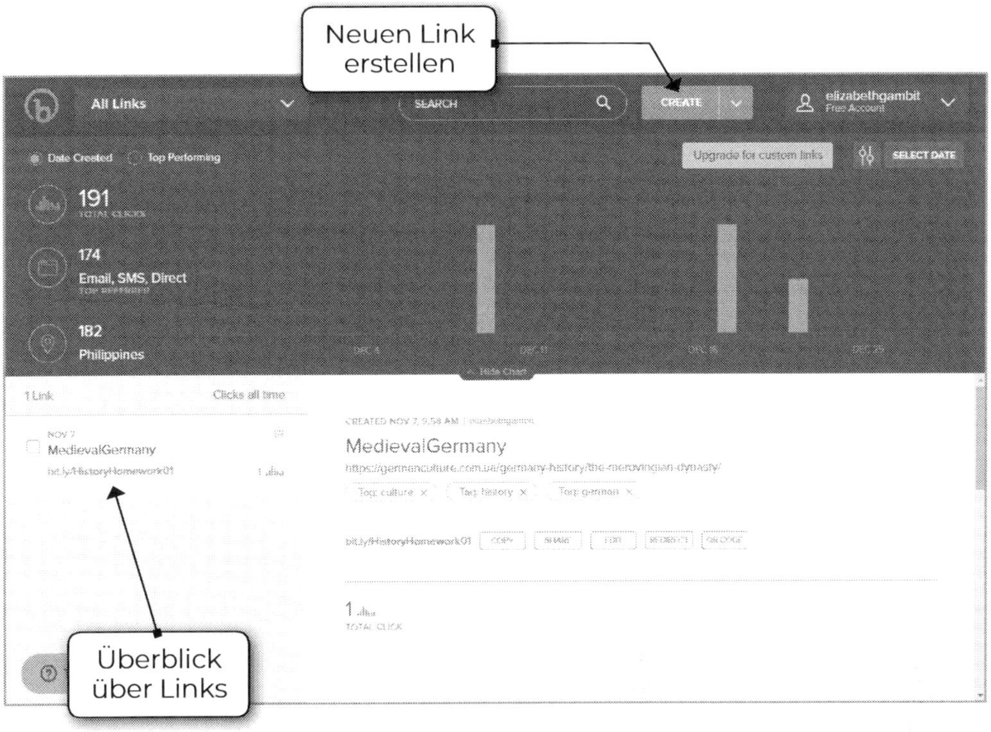

Neuen Link erstellen
All Links
SEARCH
CREATE
elizabethgambit
Free Account
Date Created
Top Performing
Upgrade for custom links
SELECT DATE
191
TOTAL CLICKS
174
Email, SMS, Direct
182
Philippines
1 Link
Clicks all time
MedievalGermany
Überblick über Links

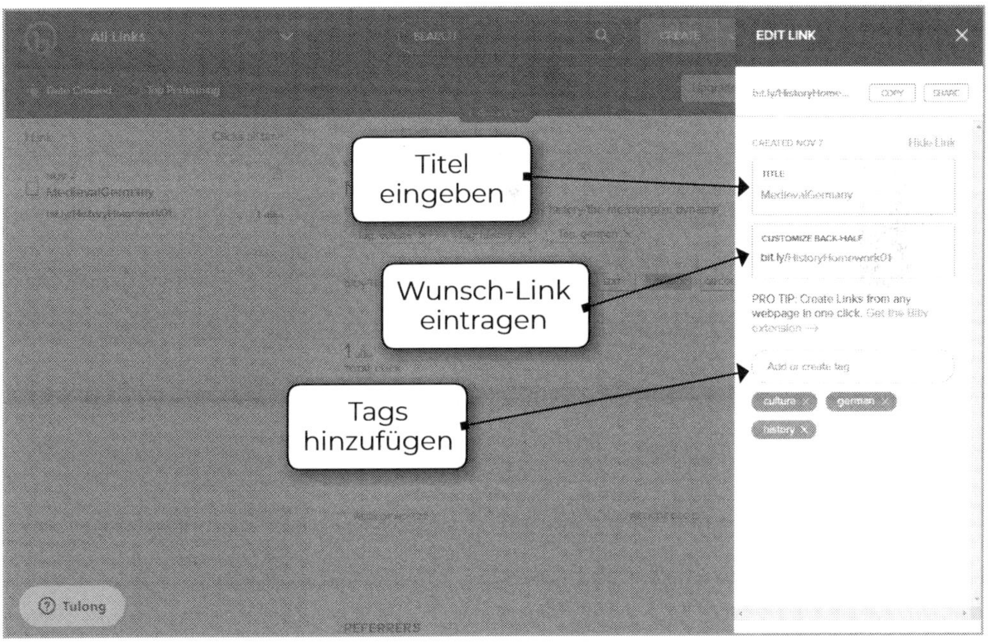

EDIT LINK
Titel eingeben
Wunsch-Link eintragen
Tags hinzufügen
TITLE
MedievalGermany
CUSTOMIZE BACK-HALF
bit.ly/HistoryHomework01
PRO TIP: Create Links from any webpage in one click.
culture
german
history
Tulong

4.6

Tools für interaktives Lernen

Amira

http://www.amira-lesen.de/

Deutsch, Englisch

Web

kostenlos

Beschreibung:

Amira ist ein Leseprogramm, das sich an Grundschulkinder in Deutschland richtet.

Anwendungsmöglichkeiten:

1. Engagement

   Neben den virtuellen Büchern, die gelesen und gehört werden können, hält Amira die Kinder mit den verfügbaren interaktiven Spielen bei Laune und beschäftigt sie. Sie bietet acht attraktive Spielformate, deren Inhalte auf die jeweilige Geschichte abgestimmt wurden. Die Kinder müssen sich mit den gelesenen Texten auseinandersetzen und allein oder mit mehreren Kindern passend zum Inhalt spielen.

2. Lehrmaterial

   Neben den virtuellen Büchern bietet Amira umfangreiches, kostenloses Material zum Download an, das auch ausgedruckt werden kann. Zu jeder Geschichte können Sie einen Geschichtenwürfel mit 6 Bildern erstellen. Anwendungs- und Spielideen finden Sie im Handout.

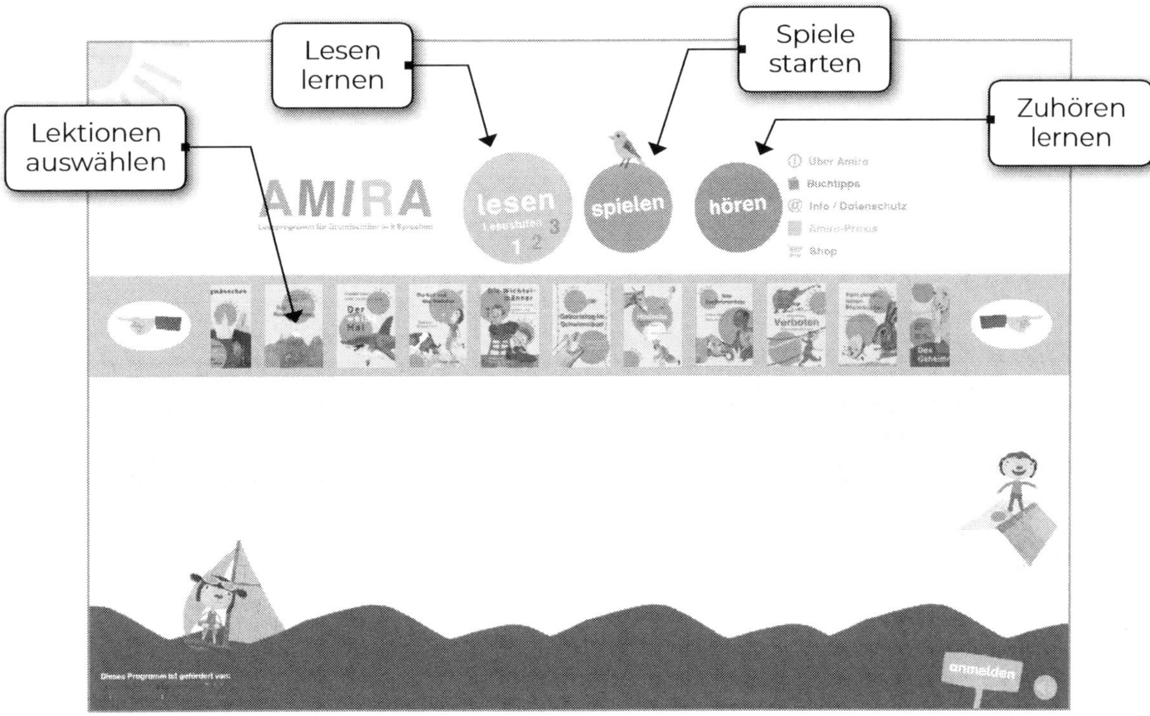
Lesen lernen
Spiele starten
Zuhören lernen
Lektionen auswählen
AMIRA
lesen
spielen
hören
Über Amira
Buchtipps
Info / Datenschutz
Shop
Verboten
anmelden

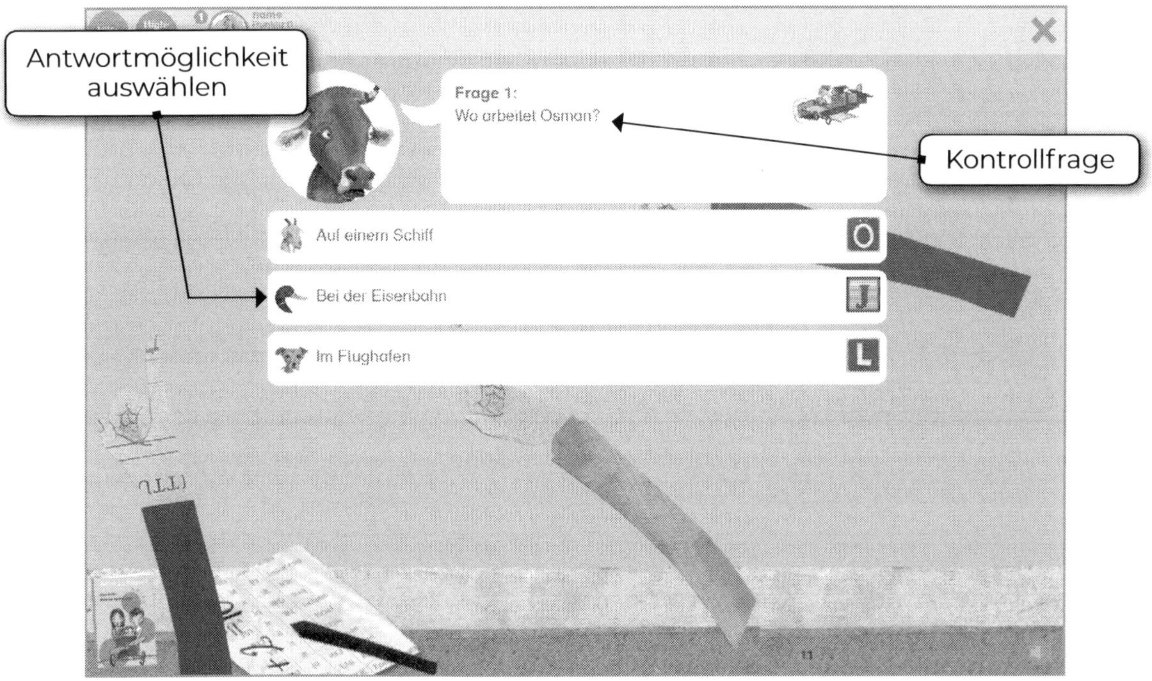
Antwortmöglichkeit auswählen
Frage 1:
Wo arbeitet Osman?
Kontrollfrage
Auf einem Schiff
Bei der Eisenbahn
Im Flughafen

4.6
Tools für interaktives Lernen

Sofatutor

https://www.sofatutor.com/lehrer-und-schulen

Deutsch, Englisch

Web, iOS, Android

kostenlose Basisversion
Für Bezahlversionen siehe:
https://www.sofatutor.com/preise

Beschreibung:

Bietet interaktive Übungen in allen Fächern. Es hilft LehrerInnen, den Unterricht digitaler zu gestalten und unterstützt sie dabei, ihre SchülerInnen zum Lernen zu motivieren. Als LehrerIn können Sie jede/n SchülerIn mit individuell zugeschnittenen Lerninhalten unterstützen und sie/ihn zum selbstständigen Lernen anregen. Das Beste daran: Sie erhalten einen kostenlosen Lehrerzugang (für LehrerInnen, LehramtsSchülerInnen, ReferendarInnen).

Anwendungsmöglichkeiten:

1. Lerninhalte

   Ob ein Video, ein Arbeitsblatt, eine interaktive Übung oder eine Hausaufgabe - das Teilen von Lerninhalten ist mit Sofatutor ganz einfach. Sie können Links generieren, die Ihren SchülerInnen freien Zugang zu den von Ihnen ausgewählten Inhalten geben.

2. Lernvideos

   Sie können die Lernmotivation Ihrer SchülerInnen durch den Einsatz neuer interaktiver Medien steigern, indem Sie kostenlose Lernvideos und interaktive Übungen zur Verfügung stellen. Auch Sie als Lehrende/r können wieder zur/zum Lernenden werden, indem Sie sich von den bereitgestellten Lernvideos inspirieren lassen. Sie können die Videos für eine schnelle Lektionswiederholung ansehen, während Sie das richtige Material für Ihre Klasse finden.

3. Schülerzentriert

   Während Sofatutor es LehrerInnen ermöglicht, Lerninhalte zu erstellen, können SchülerInnen dieses Tool auch nutzen, um mit Tausenden von angebotenen Lernvideos selbstständig zu lernen. Dies erlaubt ihnen, in ihrem eigenen Tempo und ohne Druck zu lernen. Die interaktiven Übungen helfen ihnen beim Üben, während sie Spaß haben.

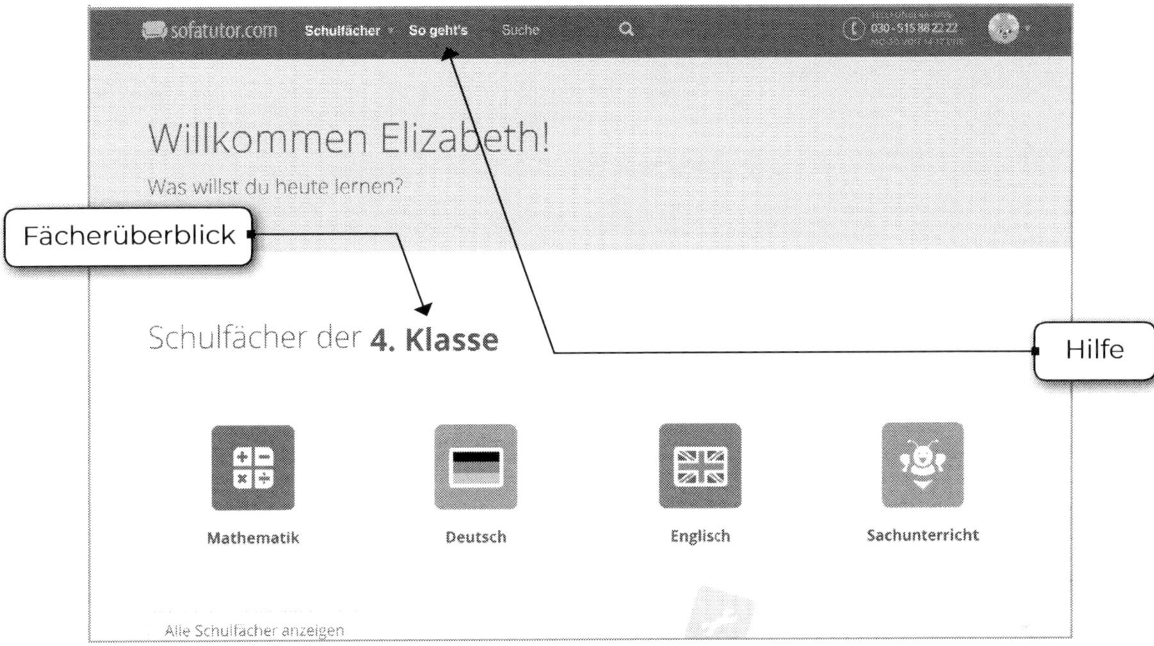
sofatutor.com
Schulfächer
So geht's
Suche
Willkommen Elizabeth!
Was willst du heute lernen?
Fächerüberblick
Schulfächer der 4. Klasse
Hilfe
Mathematik
Deutsch
Englisch
Sachunterricht
Alle Schulfächer anzeigen

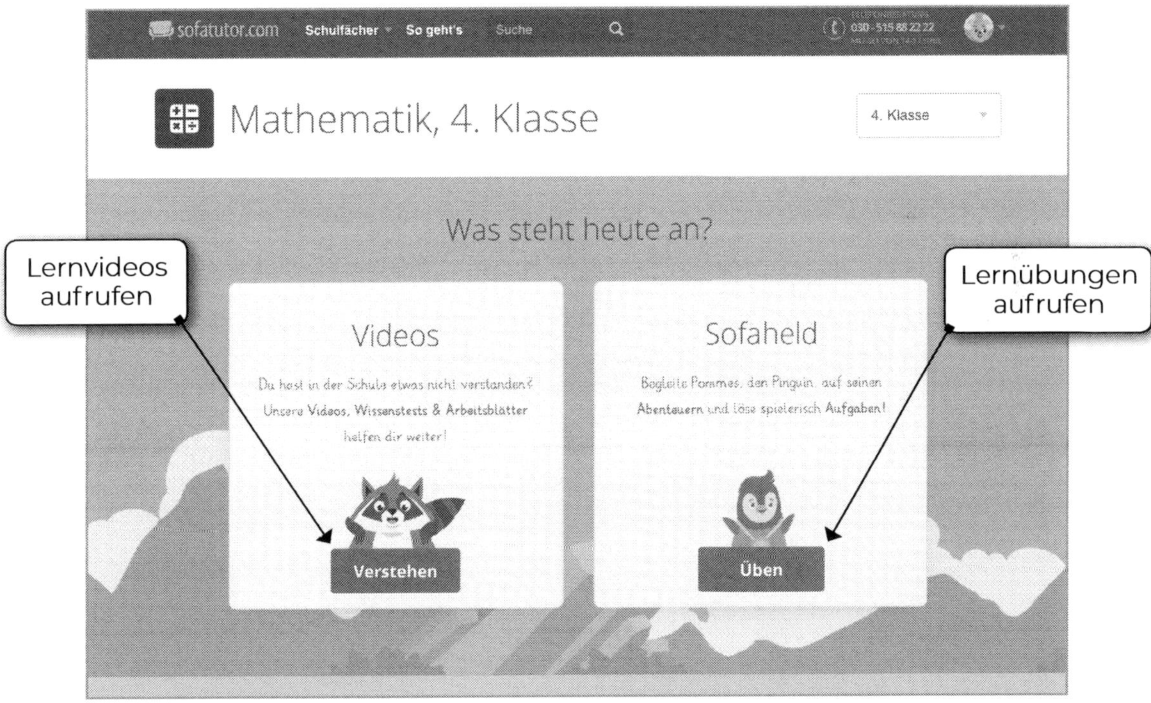
sofatutor.com
Schulfächer
So geht's
Suche
Mathematik, 4. Klasse
4. Klasse
Was steht heute an?
Lernvideos aufrufen
Lernübungen aufrufen
Videos
Du hast in der Schule etwas nicht verstanden? Unsere Videos, Wissenstests & Arbeitsblätter helfen dir weiter!
Sofaheld
Begleite Pommes, den Pinguin, auf seinen Abenteuern und löse spielerisch Aufgaben!
Verstehen
Üben

4.6

Tools für interaktives Lernen

LyricsTraining

https://lyricstraining.com/

Deutsch, Englisch

Android, iOS, Web

kostenlos

Beschreibung:

LyricsTraining macht es LehrerInnen leicht, Sprachen zu unterrichten und ihre SchülerInnen durch diesen einzigartigen Prozess zu motivieren. Es bietet eine lustige und unterhaltsame Art und Weise, den SchülerInnen beim Erlernen der richtigen Grammatik und eines neuen Wortschatzes zu helfen.

Anwendungsmöglichkeiten:

1. Sprachniveau und Fertigkeiten

   Die SchülerInnen können diese App unabhängig von ihrem Sprachniveau verwenden. Während sie das Video eines von ihnen gewählten Liedes ansehen, wird der Text auf eine von drei verschiedenen Arten präsentiert: Karaoke-Stil, bei dem sie mitlesen oder mitsingen können, Lückentext, bei dem sie die fehlenden Wörter eintippen müssen sowie Lückentext, bei dem sie eine Antwort aus einem Multiple-Choice-Feld auswählen können.

2. Fortschrittstracker

   Sie können Ihr Konto entweder für die ganze Klasse nutzen oder die SchülerInnen ihr eigenes Nutzerkonto erstellen lassen. Die BenutzerInnen können ihre eigene Punktzahl im Vergleich zu anderen BenutzerInnen national und weltweit verfolgen, was sie dazu motiviert, bessere Ergebnisse anzustreben.

3. Lehrmaterial

   Im LehrerInnenkonto können Sie Ihre eigenen Lückenfüller-Aktivitäten erstellen, d. h. Sie können sich auf bestimmte Sprachmerkmale in einem Lied konzentrieren. Sie können auch den Lernfortschritt der SchülerInnen beurteilen, indem Sie sie ein eigenes Video erstellen lassen, das Sie anschließend der Klasse zeigen können.

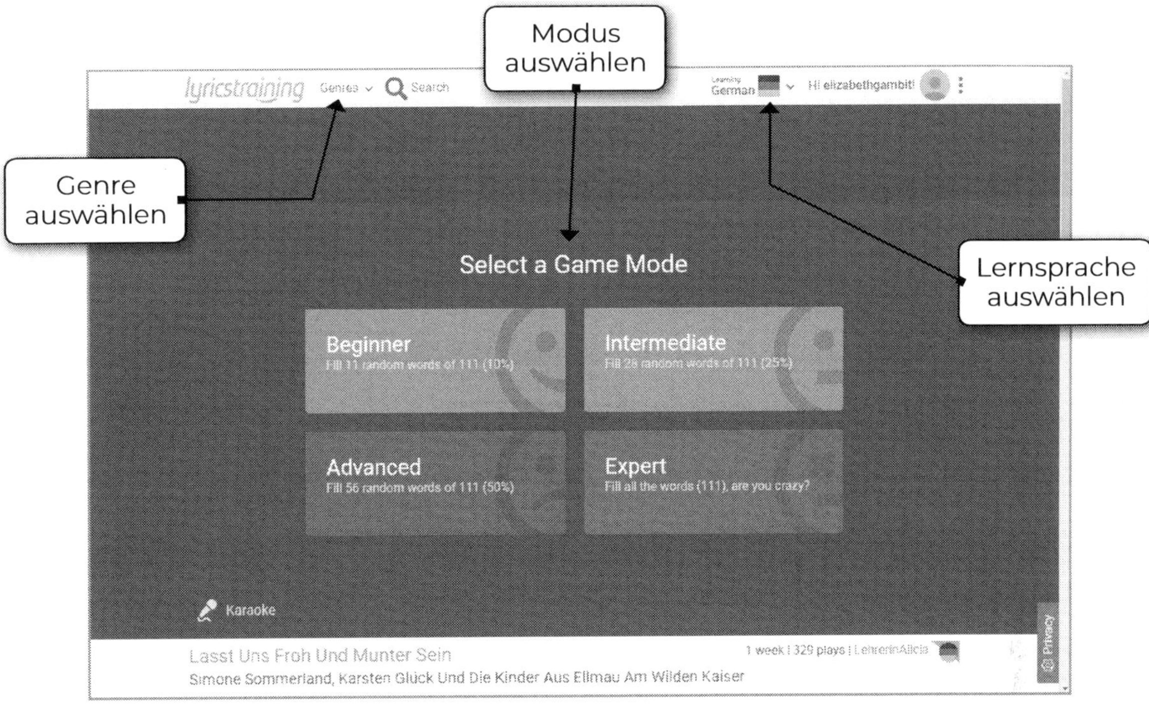

Modus auswählen
Genre auswählen
Lernsprache auswählen
lyricstraining
Genres
Search
Learning German
Hi elizabethgambit!
Select a Game Mode
Beginner
Fill 11 random words of 111 (10%)
Intermediate
Fill 28 random words of 111 (25%)
Advanced
Fill 56 random words of 111 (50%)
Expert
Fill all the words (111), are you crazy?
Karaoke
Lasst Uns Froh Und Munter Sein
Simone Sommerland, Karsten Glück Und Die Kinder Aus Ellmau Am Wilden Kaiser
1 week | 329 plays | LehrerinAlicia
Privacy

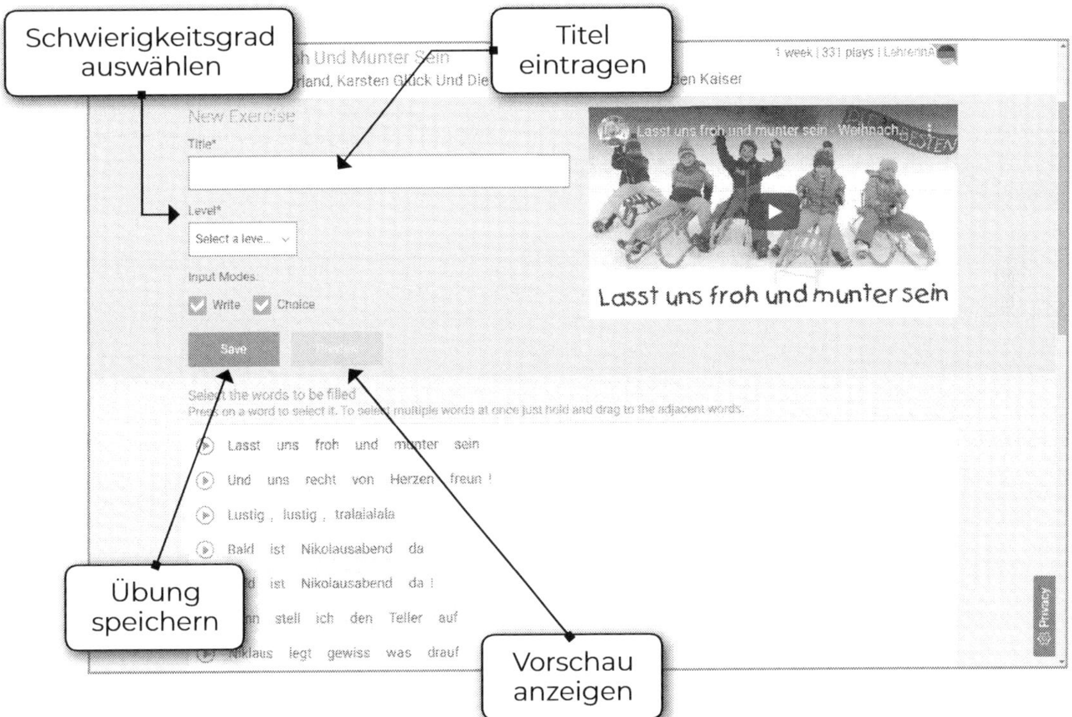

Schwierigkeitsgrad auswählen
Titel eintragen
Übung speichern
Vorschau anzeigen
New Exercise
Title*
Level*
Select a leve...
Input Modes
Write
Choice
Save
Select the words to be filled
Press on a word to select it. To select multiple words at once just hold and drag to the adjacent words.
Lasst uns froh und munter sein
Und uns recht von Herzen freun !
Lustig , lustig , tralalalala
Bald ist Nikolausabend da
Lasst uns froh und munter sein
Privacy

4.7 Trickkiste

Ohne die Erfindung der Suchmaschinen würden LehrerInnen immer noch Berge von Lexika und Nachschlagewerken bemühen, um Fakten zu überprüfen. Suchmaschinen, die direkte Antworten geben, anstatt auf verschiedene Webseiten zu verweisen, sind das perfekte Informationstool für den Unterricht. Welche Vorteile bietet eine Software, die ganze Dokumente auf einmal übersetzen kann? Neben der enormen Zeitersparnis sind die übersetzten Texte damit auch sofort im Unterricht zu verwenden. Selbstverständlich gibt es auch Tools für den Sprachunterricht, inklusive Wörterbuch und Vokabeltrainer. Jede/r Lehrende wünscht sich, dass die eigenen Texte für den Unterricht ohne Fehler und stilistisch einwandfrei sind. Wer unsicher ist, etwas übersehen zu haben, kann ein Korrekturtool verwenden, das nicht nur Rechtschreibung und Grammatik verbessert, sondern auch den Sprachfluss.

Auch der Mathematikunterricht profitiert von einer virtuellen Plattform, auf der SchülerInnen interaktiv Aufgaben lösen können. Ein Tool, welches dabei hilft, Plagiate sofort zu erkennen, ist bei den LehrerInnen vermutlich beliebter als bei den SchülerInnen. Doch zu wissen, dass ein kopierter Text als solcher erkannt werden kann, mindert die Versuchung, es sich mit den Hausaufgaben allzu leicht zu machen.

Sie werden in Ihrem Unterricht sicher nicht für alle Tools Verwendung finden, aber ist es nicht nützlich, bei Bedarf in die Trickkiste greifen zu können?

https://www.wolframalpha.com/tour/

Englisch

Web, Android, iOS

kostenlose Basisversion
Für Bezahlversionen siehe:
https://www.wolframalpha.com/pro/pricing/

4.7
Trickkiste
Wolfram Alpha

Beschreibung:

Wolfram Alpha ist eine computergestützte Suchmaschine, die häufig von SchülerInnen und PädagogInnen verwendet wird. Fragen, die in das Suchfeld eingegeben werden, führen zu spezifischen Antworten und nicht zu Auflistungen von Websites, die für die Anfrage relevant sein könnten. Es nutzt sein Expertenwissen und seine Algorithmen, um Fragen automatisch zu beantworten, Analysen durchzuführen und sogar Berichte zu erstellen.

Anwendungsmöglichkeiten:

1. Wolfram-Problemgenerator

   Die sofort generierten Antworten zur eingegebenen Frage erscheinen in allen Schwierigkeitsgraden für eine Reihe von Themen, einschließlich Algebra, Kalkül, Statistik und mehr. Dies bietet Ihren SchülerInnen einen unendlichen Vorrat an neuen Übungsproblemen und Arbeitsblättern und stellt sie bei jeder Übungseinheit vor neue Herausforderungen. Es ist sogar eine Schritt-für-Schritt-Lösung integriert, sodass Sie das mathematische Problem vom Anfang bis zum Ende erkunden können.

2. Wolfram-Alpha-Rechner

   Der Rechner ist mehr als nur ein Online-Integral-Löser. Er berechnet auch Antiderivate und zeigt Plots, alternative Formen und andere relevante Informationen an, um Ihre mathematische Intuition zu verbessern.

3. Wolfram-Alpha-Website

   Wenn Sie auf die Website von Wolfram Alpha gehen, werden Sie sofort von einer Webseite begrüßt, die es Ihnen ermöglicht, Antworten frei zu überprüfen, Gleichungen zu plotten, chemische Formeln auszugleichen, Ergebnisse zu visualisieren, interessante Fakten zu einem Themenbereich zu überprüfen und mehr. Während dies für SchülerInnen nützlich ist, können LehrerInnen dies auch nutzen, um ihre Lernmaterialien zu überprüfen und zu kontrollieren, bevor sie diese verteilen.

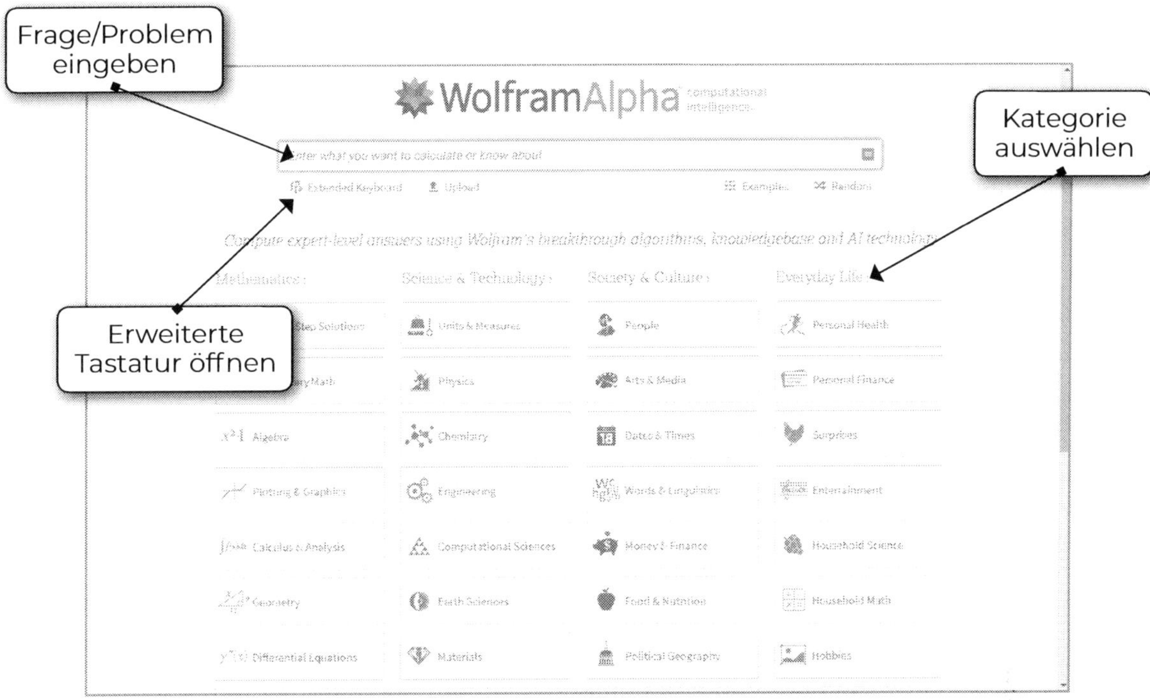
Frage/Problem eingeben
WolframAlpha
Kategorie auswählen
Erweiterte Tastatur öffnen
Mathematics
Science & Technology
Society & Culture
Everyday Life
Units & Measures
People
Personal Health
Physics
Arts & Media
Personal Finance
Algebra
Chemistry
Dates & Times
Surprises
Plotting & Graphics
Engineering
Words & Linguistics
Entertainment
Calculus & Analysis
Computational Sciences
Money & Finance
Household Science
Geometry
Earth Sciences
Food & Nutrition
Household Math
Differential Equations
Materials
Political Geography
Hobbies

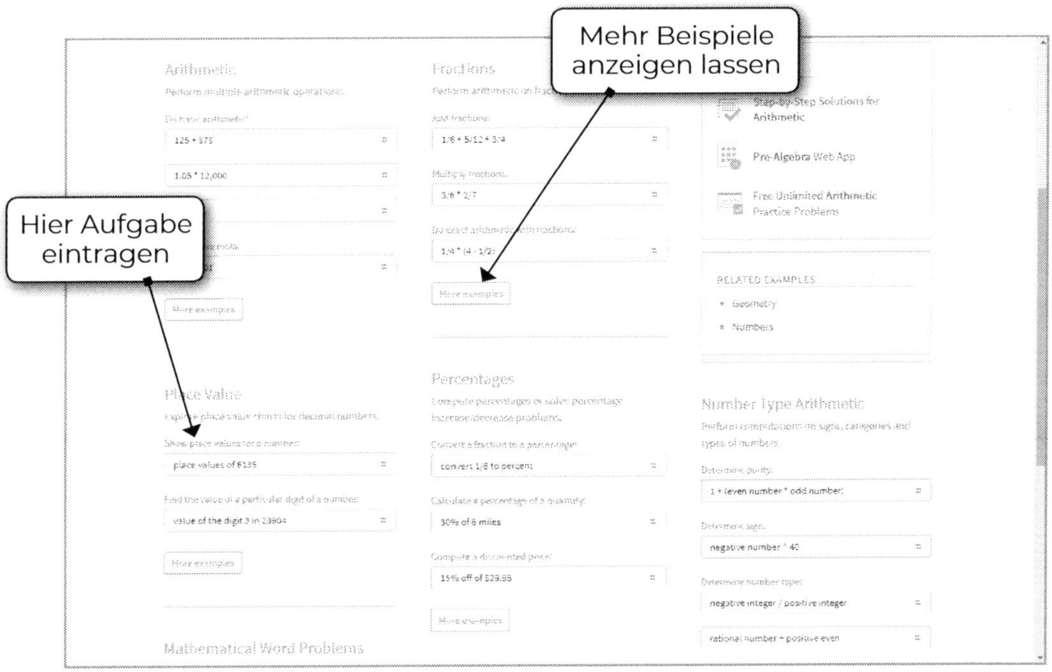
Mehr Beispiele anzeigen lassen
Hier Aufgabe eintragen
Arithmetic
Fractions
Step-by-Step Solutions for Arithmetic
Pre-Algebra Web App
Free Unlimited Arithmetic Practice Problems
RELATED EXAMPLES
Geometry
Numbers
Place Value
Percentages
Number Type Arithmetic
Mathematical Word Problems

DeepL

https://www.deepl.com/translator

Deutsch, Englisch

Windows, Mac, Web

kostenlose Basisversion
Bezahlversionen siehe unter:
https://www.deepl.com/pro?cta=header-prices

Beschreibung:

DeepL ist ein Onlinedienst für Übersetzungen. Laut aktuellen Bewertungen übertrifft dieses Webtool die Übersetzungsqualität von Microsoft- und Google-Produkten bei Weitem. Als primärer Übersetzer hat DeepL aber noch viel mehr zu bieten.

Anwendungsmöglichkeiten:

1. Effizienz

   Abgesehen von der Drag-and-Drop-Funktion hilft DeepL LehrerInnen auch, Zeit zu sparen, indem es eine schnelle und einfache Möglichkeit zum Übersetzen bietet, indem ein Text in einer beliebigen Anwendung ausgewählt und einfach zweimal Strg + C gedrückt wird. Mit diesem Tool können LehrerInnen E-Mails, Aufsätze, Blogbeiträge, Berichte und Hausaufgaben im Handumdrehen übersetzen. Es spielt keine Rolle, welche textbasierte Software Sie verwenden: Mit DeepL haben Sie die volle Kontrolle darüber, was und wo Sie übersetzen möchten.

2. Bequemlichkeit

   Mit DeepL können Sie ganz einfach ein ganzes Dokument mit einem Klick übersetzen. Durch Ziehen und Ablegen einer Datei und die Auswahl der gewünschten-Sprache, in die das Dokument übersetzt werden soll, erhalten Sie ein völlig neues Dokument. DeepL kann Microsoft Word (.docx) und PowerPoint (.pptx) Dateien verarbeiten. Alle Elemente des Dokuments, einschließlich Textkörper, Titel, Überschriften und sogar Fußnoten, werden in die Sprache Ihrer Wahl übersetzt, wobei die ursprüngliche Formatierung beibehalten wird. Dies ist ideal für SchülerInnen, die ihre Abschlussarbeit in eine Fremdsprache transkribieren müssen, oder für LehrerInnen, die ihre Folienpräsentation übersetzen möchten.

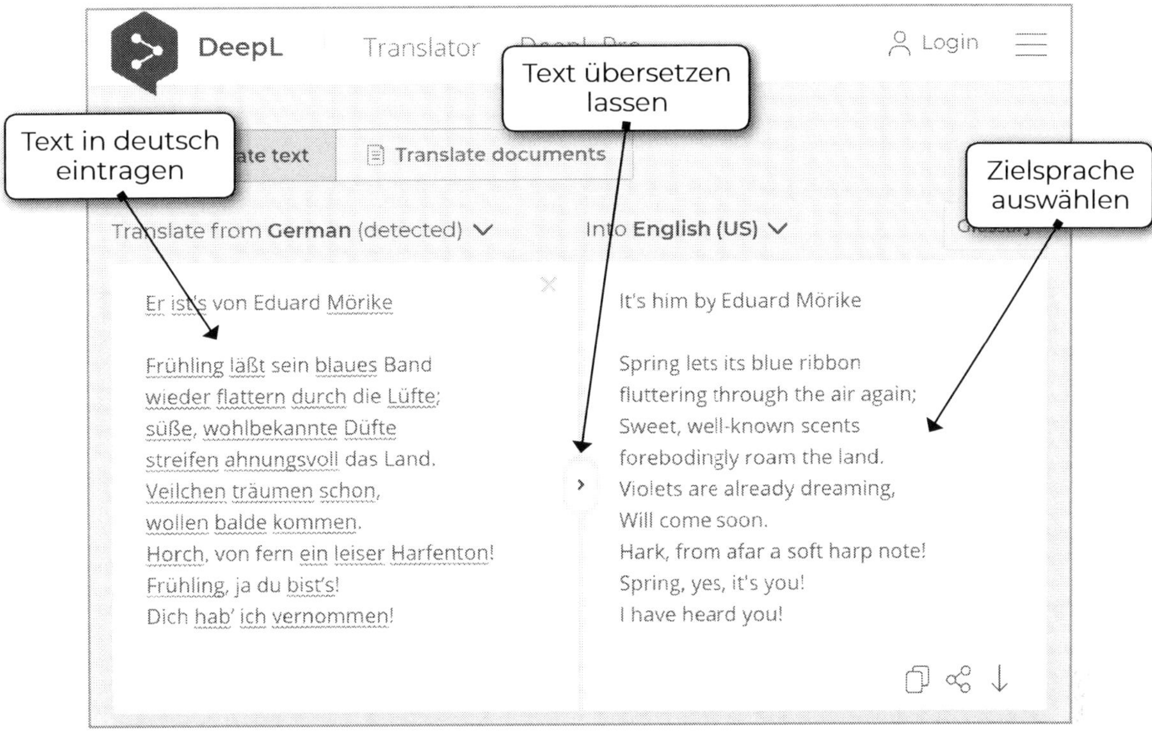
DeepL
Translator
Text übersetzen lassen
Login
Text in deutsch eintragen
Translate documents
Zielsprache auswählen
Translate from German (detected)
Into English (US)
Er ist's von Eduard Mörike
Frühling läßt sein blaues Band
wieder flattern durch die Lüfte;
süße, wohlbekannte Düfte
streifen ahnungsvoll das Land.
Veilchen träumen schon,
wollen balde kommen.
Horch, von fern ein leiser Harfenton!
Frühling, ja du bist's!
Dich hab' ich vernommen!
It's him by Eduard Mörike
Spring lets its blue ribbon
fluttering through the air again;
Sweet, well-known scents
forebodingly roam the land.
Violets are already dreaming,
Will come soon.
Hark, from afar a soft harp note!
Spring, yes, it's you!
I have heard you!

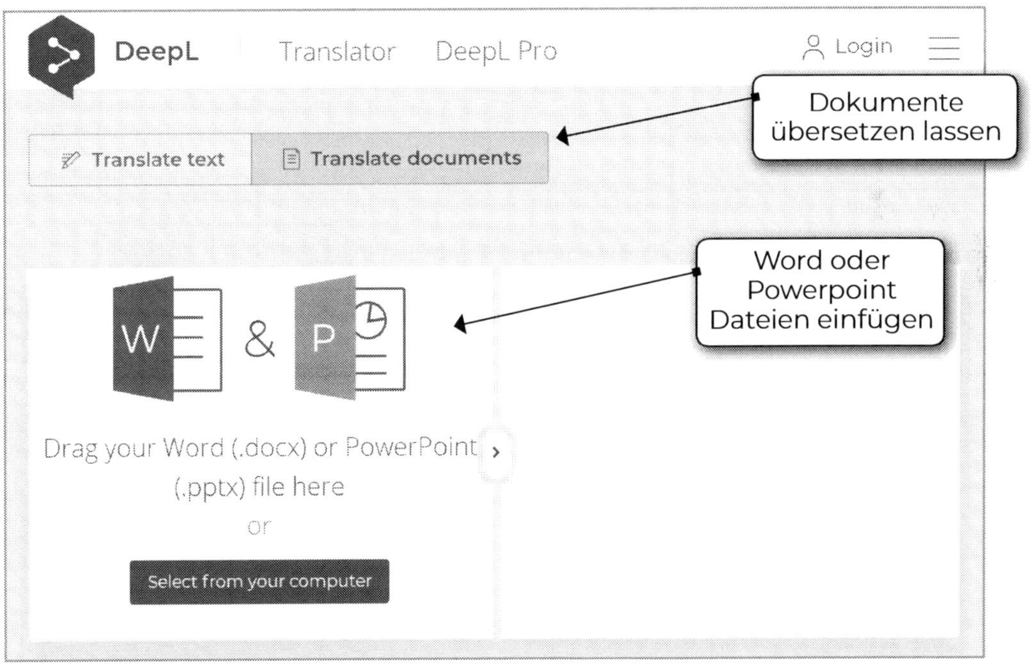
DeepL
Translator
DeepL Pro
Login
Dokumente übersetzen lassen
Translate text
Translate documents
Word oder Powerpoint Dateien einfügen
W
&
P
Drag your Word (.docx) or PowerPoint (.pptx) file here
or
Select from your computer

Leo.org

https://www.leo.org/german-english
Deutsch, Englisch
Web, Android, iOS
kostenlos

Beschreibung:

Leo.org ist eine werbefinanzierte Website, die in erster Linie zweisprachige Online-Wörterbücher anbietet. Das ist besonders praktisch für LehrerInnen, die Hilfe bei sprachbezogenen Fragen benötigen, die von einem herkömmlichen Wörterbuch nicht beantwortet werden.

Anwendungsmöglichkeiten:

1. Sprachkurse

   Sowohl LehrerInnen als auch SchülerInnen können mit dieser Funktion eine neue Sprache lernen oder ihre Sprachkenntnisse auffrischen. Neben dem Wörterbuch können sie auch lebendige Dialoge, die von Muttersprachlern gesprochen werden, und Bildübungen genießen, die das Lernen mit visueller Unterstützung verbessern. Mit nur einem Mausklick können sie sich die Übersetzung eines Wortes oder die gesamte Sprechblase ansehen.

2. Vokabeltrainer

   Mit dem Vokabeltrainer können Sie auf spielerische Art und Weise Ihren Wortschatz aufpolieren. Wählen Sie die richtige Übersetzung, indem Sie mit einem Daumen nach oben oder unten antworten. BenutzerInnen erhalten eine detaillierte Übersicht über ihre Fortschritte, wenn sie wissen möchten, welche Bereiche sie verbessern müssen. Sie können auch Ihre Wortlisten bearbeiten, die Wörter und Phrasen enthalten, die Ihnen beim Lernen weiterhelfen.

3. Forum

   Wenn Sie detailliertere Informationen brauchen, können Sie sich mit anderen BenutzerInnen über das Forum austauschen. Hier können Sie Fragen stellen oder denjenigen weiterhelfen, die ebenfalls Fragen haben.

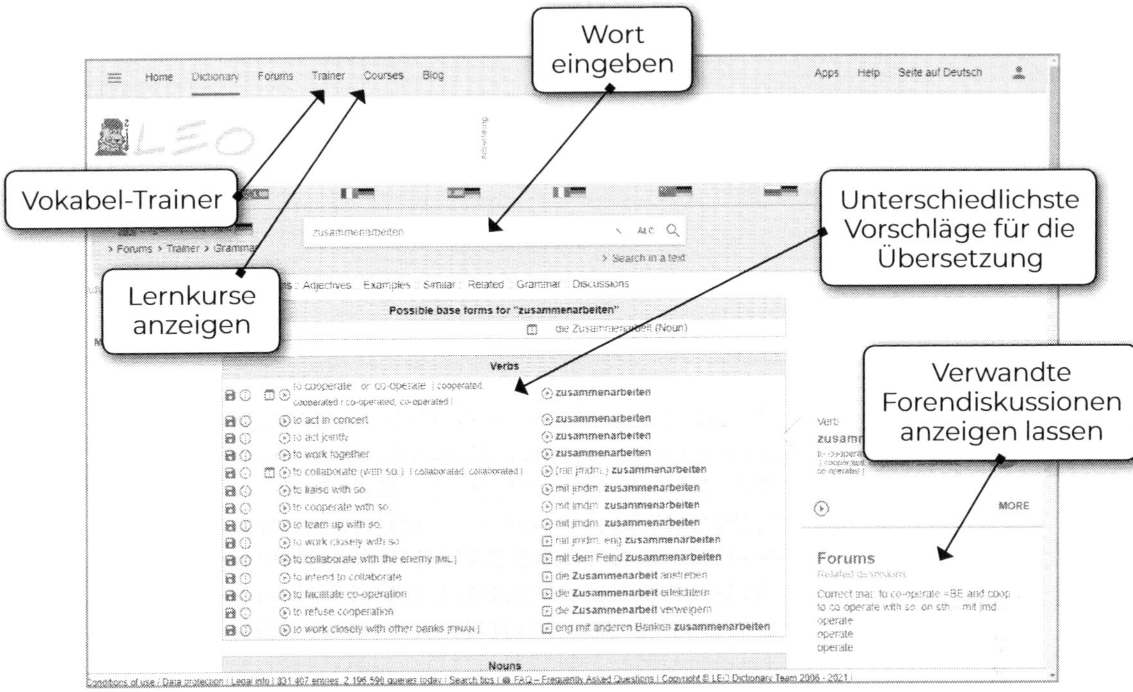
Wort eingeben
Vokabel-Trainer
Unterschiedlichste Vorschläge für die Übersetzung
Lernkurse anzeigen
Verwandte Forendiskussionen anzeigen lassen

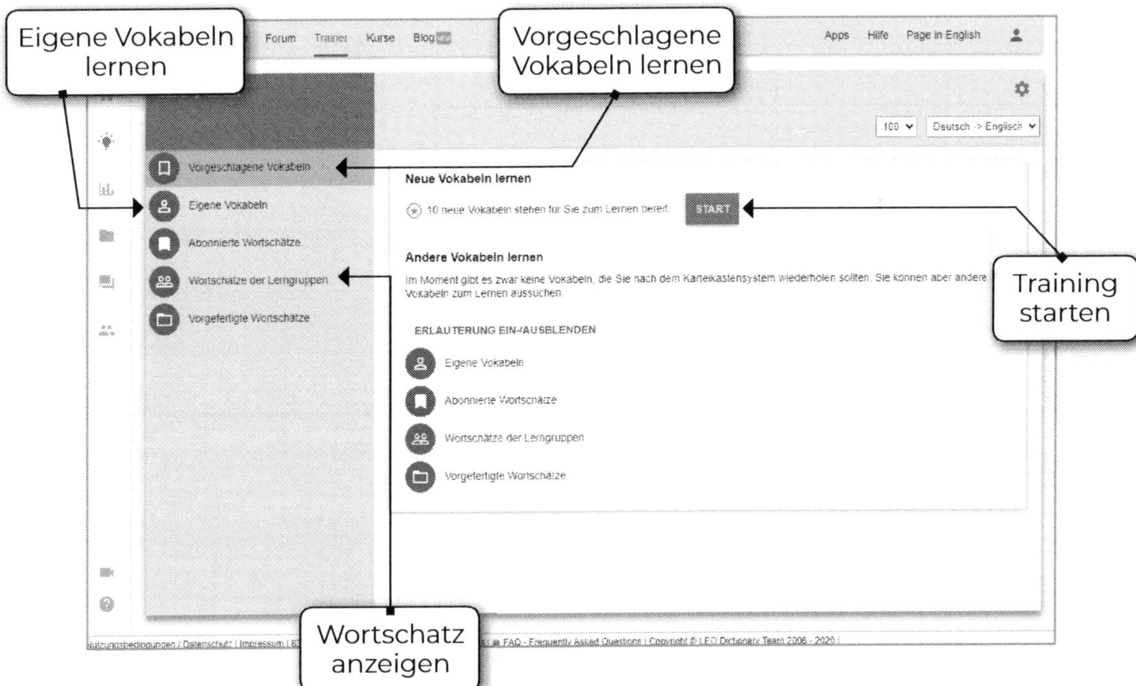
Eigene Vokabeln lernen
Vorgeschlagene Vokabeln lernen
Training starten
Wortschatz anzeigen

4.7
Trickkiste

Duden Mentor

https://mentor.duden.de/

Deutsch, Englisch

Web

kostenlose Basisversion
Für Bezahlversionen siehe:
https://www.duden.de/service/abos

Beschreibung:

Duden-Mentor ist ein Text-Checker, der Rechtschreibung, Grammatik, Zeichensetzung und Stil verbessert. Es ist ein nützliches Korrekturtool, das hilft, deutsche Inhalte fehlerlos zu schreiben, indem es Grammatikfehler und Satzzeichen korrigiert und auch den Inhalt verbessert, indem es vorschlägt, doppelte und redundante Wörter zu eliminieren. LehrerInnen können dieses Tool verwenden, um sicherzustellen, dass ihre Unterrichtsmaterialien fehlerfrei sind, bevor sie an die SchülerInnen verteilt werden.

Anwendungsmöglichkeiten:

1. Wörterbuch

   Geben Sie einfach ein Wort in die Suchleiste ein, die sich auf der Startseite befindet, und Sie werden finden, was Sie suchen. Diese Funktion funktioniert wie ein One-Stop-Shop, da sie Ihnen umfassende Informationen über die Rechtschreibung, Grammatik und Bedeutung eines Wortes liefert. Es werden die korrekte Verwendung, die Aussprache und Herkunft eines Wortes sowie seine Synonyme angezeigt.

2. Sprachberatung

   Stillen Sie Ihren geistigen Wissensdurst mit der Sprachberatung von Duden Mentor! Bei Zweifelsfällen zur deutschen Sprache erhalten Sie schnell und zuverlässig Sprachberatung am Telefon. Die BeraterInnen helfen Ihnen bei Rechtschreibung, Grammatik, Textgestaltung und Sprachstil, aber auch bei anderen Themen rund um die deutsche Sprache wie Fremdwörter, Anglizismen oder Herkunft von Namen.

3. LernplattformDer

   Duden-Mentor ist mehr als nur ein Text-Checker. Er bietet auch Lernen zu Hause mit dem Duden für SchülerInnen von der Grundschule bis Klasse 13. Ob Deutsch oder Englisch, Mathematik oder Biologie, hier finden Sie Übungshefte, Schulwissen und sogar spannende Spiele und Rätsel.

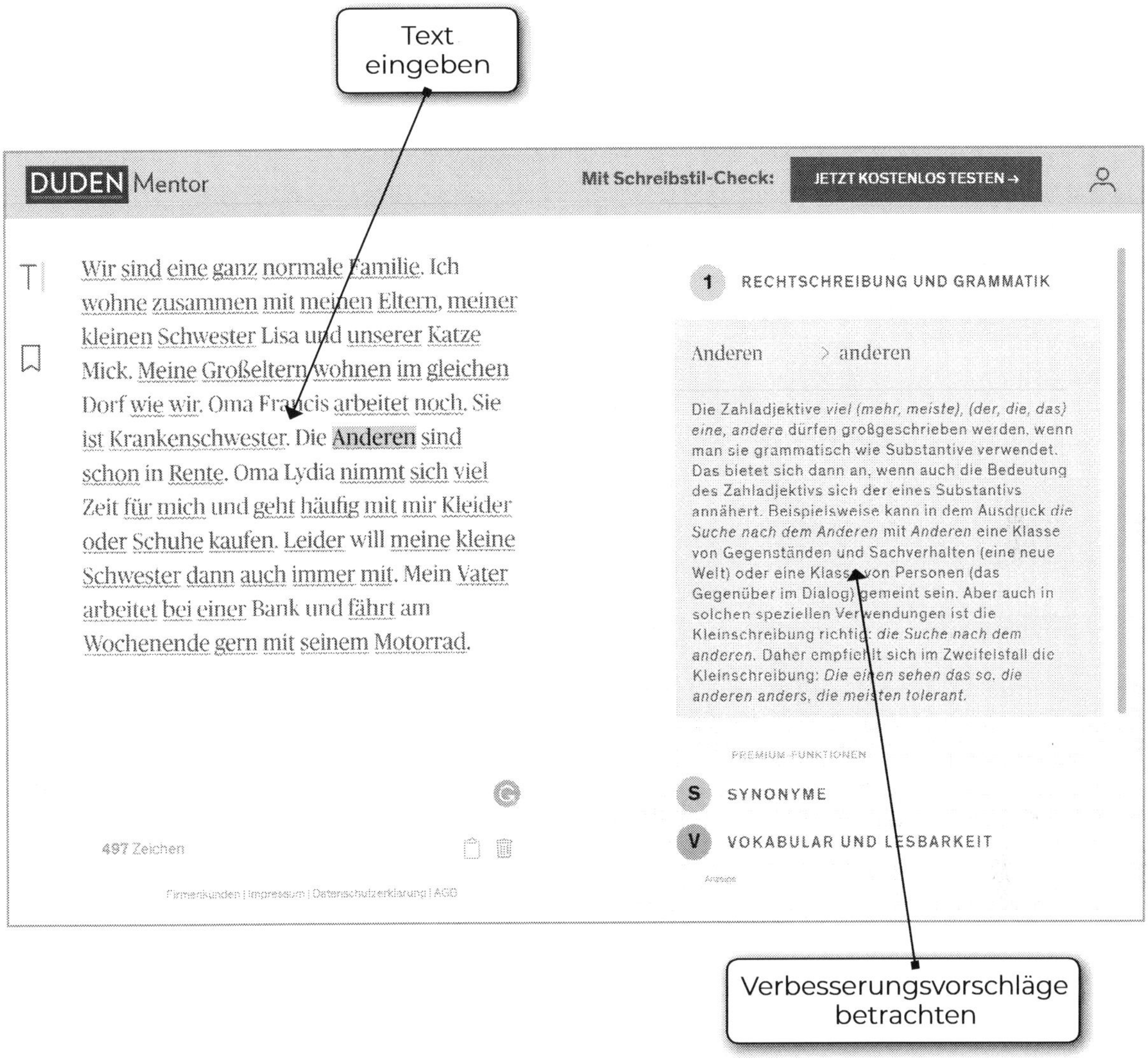
Text eingeben
DUDEN Mentor
Mit Schreibstil-Check:
JETZT KOSTENLOS TESTEN →
Wir sind eine ganz normale Familie. Ich wohne zusammen mit meinen Eltern, meiner kleinen Schwester Lisa und unserer Katze Mick. Meine Großeltern wohnen im gleichen Dorf wie wir. Oma Francis arbeitet noch. Sie ist Krankenschwester. Die Anderen sind schon in Rente. Oma Lydia nimmt sich viel Zeit für mich und geht häufig mit mir Kleider oder Schuhe kaufen. Leider will meine kleine Schwester dann auch immer mit. Mein Vater arbeitet bei einer Bank und fährt am Wochenende gern mit seinem Motorrad.
497 Zeichen
Firmenkunden | Impressum | Datenschutzerklärung | AGB
1 RECHTSCHREIBUNG UND GRAMMATIK
Anderen > anderen
Die Zahladjektive viel (mehr, meiste), (der, die, das) eine, andere dürfen großgeschrieben werden, wenn man sie grammatisch wie Substantive verwendet. Das bietet sich dann an, wenn auch die Bedeutung des Zahladjektivs sich der eines Substantivs annähert. Beispielsweise kann in dem Ausdruck die Suche nach dem Anderen mit Anderen eine Klasse von Gegenständen und Sachverhalten (eine neue Welt) oder eine Klasse von Personen (das Gegenüber im Dialog) gemeint sein. Aber auch in solchen speziellen Verwendungen ist die Kleinschreibung richtig: die Suche nach dem anderen. Daher empfiehlt sich im Zweifelsfall die Kleinschreibung: Die einen sehen das so, die anderen anders, die meisten tolerant.
PREMIUM-FUNKTIONEN
S SYNONYME
V VOKABULAR UND LESBARKEIT
Verbesserungsvorschläge betrachten

4.7
Trickkiste
GeoGebra

https://www.geogebra.org/

Deutsch, Englisch

Windows, Mac, Android, iOS

kostenlos

Beschreibung:

GeoGebra ist eine dynamische, webbasierte Mathematiksoftware, die Mathematik für SchülerInnen sinnvoller und visueller macht. Sie ermöglicht es LehrerInnen, schnell digitale Arbeitsblätter zu erstellen, die Simulationen rund um die Bereiche Algebra, Geometrie, Statistik und Analyse enthalten.

Anwendungsmöglichkeiten:

1. Klassenzimmer

   GeoGebra Classroom ist eine virtuelle Plattform, auf der LehrerInnen den SchülerInnen interaktive und ansprechende Aufgaben zuweisen, den aktuellen Fortschritt der SchülerInnen bei der Arbeit an einer bestimmten Aufgabe live verfolgen, sehen, welche Aufgaben die SchülerInnen begonnen haben (oder auch nicht), und interaktive Diskussionen ermöglichen können. Dies ist ideal für LehrerInnen, die gemeinsam im Team unterrichten, da es die Möglichkeit gibt, eine/n weitere/n LehrerIn hinzuzufügen.

2. Prüfungsmodus

   Sie erhalten Zugriff auf die kostenlosen Online-Mathe-Tools von GeoGebra für Graphen, Geometrie sowie 3D-, CAS- und wissenschaftliche Taschenrechner und vieles mehr. Diese Tools können von den SchülerInnen während des GeoGebra-Prüfungsmodus verwendet werden, wobei der Zugriff auf das Internet und andere Software, die während der Prüfung nicht verwendet werden dürfen, ebenfalls eingeschränkt ist.

3. Lernmaterial

   Sie können über eine Million kostenlose Aktivitäten, Simulationen, Übungen, Lektionen und Spiele für Mathematik und Naturwissenschaften finden. Sie können sogar Bücher finden, die als Leitfaden für die Berechnung von Steigungen, linearen Beziehungen, Volumen und mehr dienen. LehrerInnen können diese Materialien für den Unterricht verwenden, während SchülerInnen diese auch zum selbstständigen Lernen nutzen können.

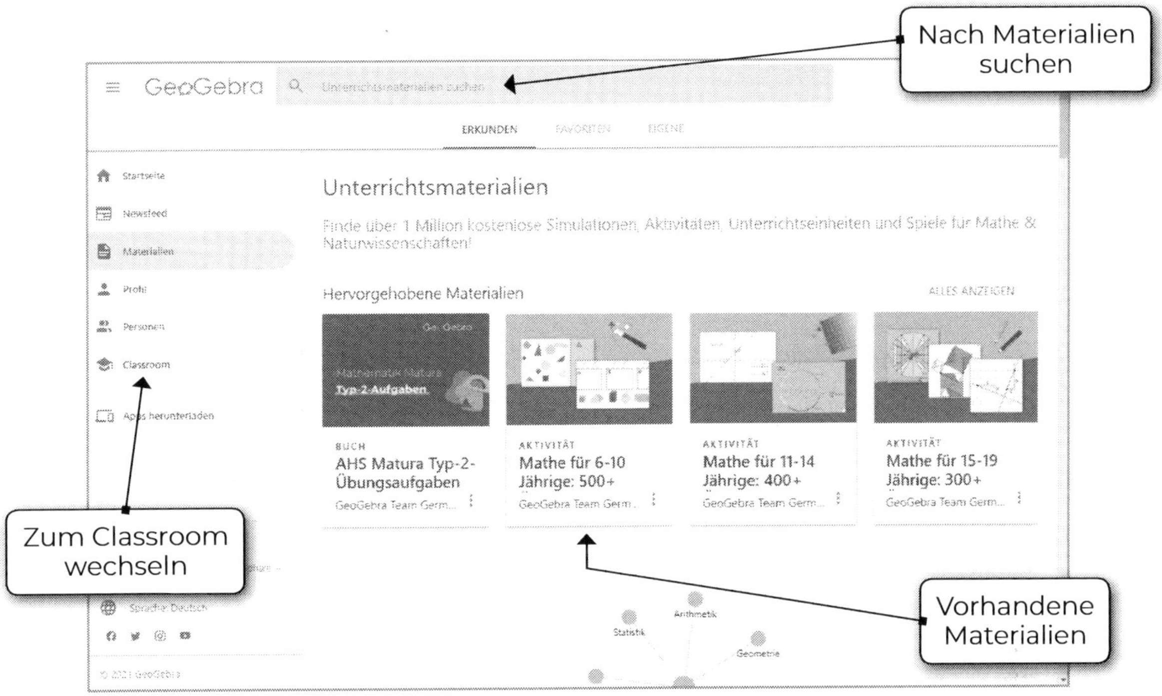
Nach Materialien suchen
GeoGebra
ERKUNDEN
FAVORITEN
EIGENE
Startseite
Newsfeed
Materialien
Profil
Personen
Classroom
Apps herunterladen
Unterrichtsmaterialien
Finde über 1 Million kostenlose Simulationen, Aktivitäten, Unterrichtseinheiten und Spiele für Mathe & Naturwissenschaften!
Hervorgehobene Materialien
ALLES ANZEIGEN
BUCH
AHS Matura Typ-2-Übungsaufgaben
AKTIVITÄT
Mathe für 6-10 Jährige: 500+
AKTIVITÄT
Mathe für 11-14 Jährige: 400+
AKTIVITÄT
Mathe für 15-19 Jährige: 300+
Zum Classroom wechseln
Vorhandene Materialien
Arithmetik
Statistik
Geometrie

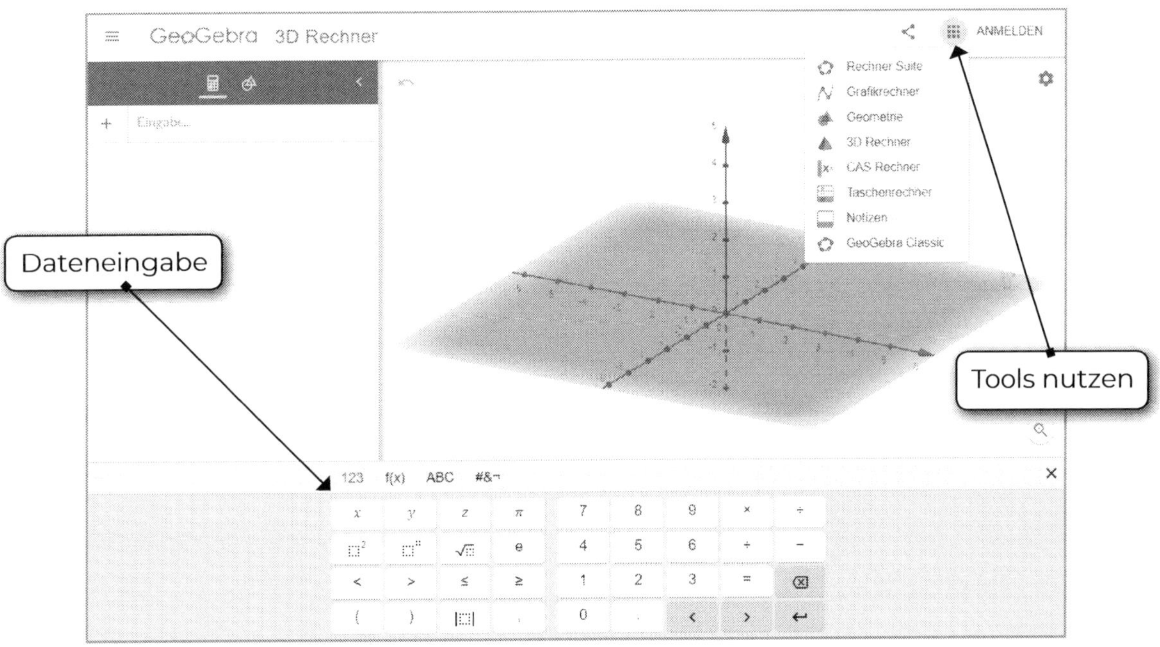
GeoGebra 3D Rechner
ANMELDEN
Eingabe...
Rechner Suite
Grafikrechner
Geometrie
3D Rechner
CAS Rechner
Taschenrechner
Notizen
GeoGebra Classic
Dateneingabe
Tools nutzen
123
f(x)
ABC
#&¬

4.7
Trickkiste

Plagium

https://www.plagium.com/

Englisch

webbasiert

kostenlose Basisversion
Für Bezahlversionen siehe:
https://www.plagium.com/en/pricing

Beschreibung:

Plagium hilft, die Originalität eines Textes sicherzustellen, indem es mögliche Plagiate erkennt und identifiziert. Dies ist sehr praktisch für LehrerInnen, die die Arbeiten ihrer SchülerInnen auf mögliche Plagiate überprüfen wollen.

Anwendungsmöglichkeiten:

1. Effizienz

   Mit Plagium können Sie Texte sowohl aus unabhängigen Dateien als auch aus Webseiten analysieren. Sie brauchen keine Energie mehr zu verschwenden, da es nur das Kopieren und Einfügen des Textes erfordert. Nach Abschluss der Websuche werden Ergebnisse mit spezifischen Links, die mit dem plagiierten Text übereinstimmen, geliefert.

2. Vergleich

   Indem Sie Ihre Texte hochladen, können Sie Vergleiche mit vielen anderen im Web verfügbaren Texten erhalten. Die Berichte sind leicht zu verstehen, da sie mit Bildern dargestellt werden, die es Ihnen ermöglichen, zu vergleichen und zu analysieren.

3. Flexibilität

   Während Sie nach Texten in Microsoft Word, PDF und nativen Formaten suchen können, werden die Suchergebnisse auch in verschiedenen Formaten angezeigt. Dies ist sehr praktisch für LehrerInnen, die die Projekte ihrer SchülerInnen in jedem verfügbaren Format überprüfen möchten.

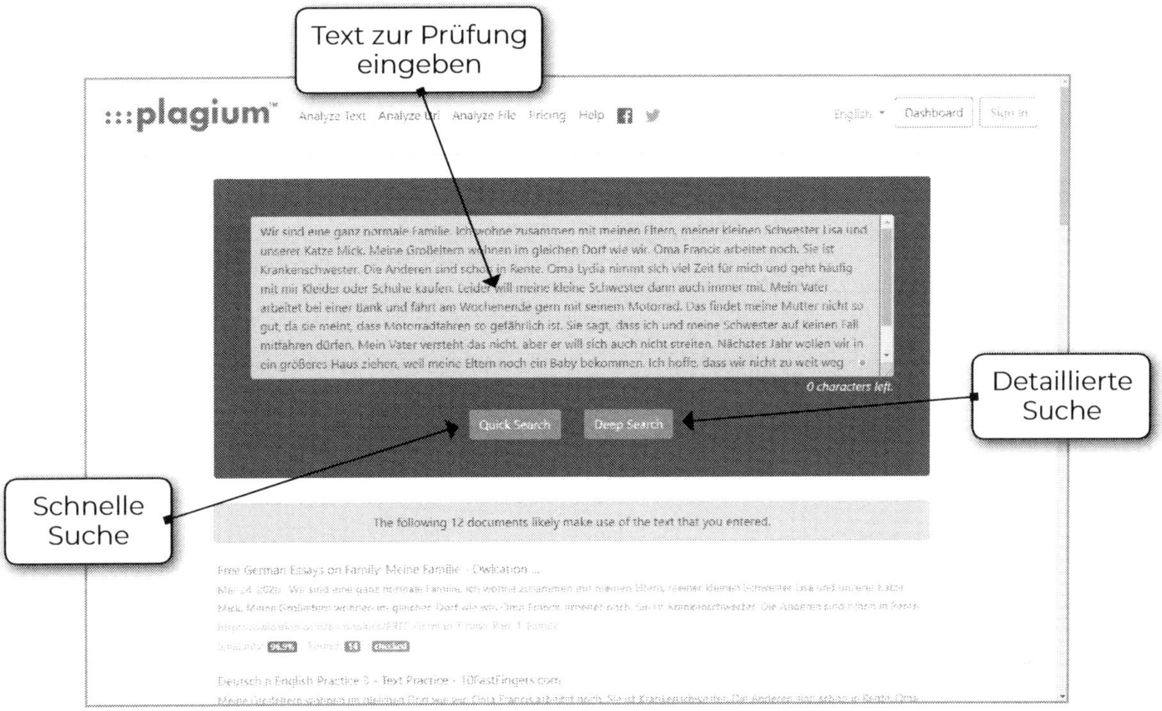

Text zur Prüfung eingeben
:::plagium
Analyze Text
Analyze Url
Analyze File
Pricing
Help
English
Dashboard
Sign in
0 characters left.
Quick Search
Deep Search
Detaillierte Suche
Schnelle Suche
The following 12 documents likely make use of the text that you entered.
Free German Essays on Family: Meine Familie - Owlcation ...
Deutsch n English Practice 3 - Text Practice - 10FastFingers.com

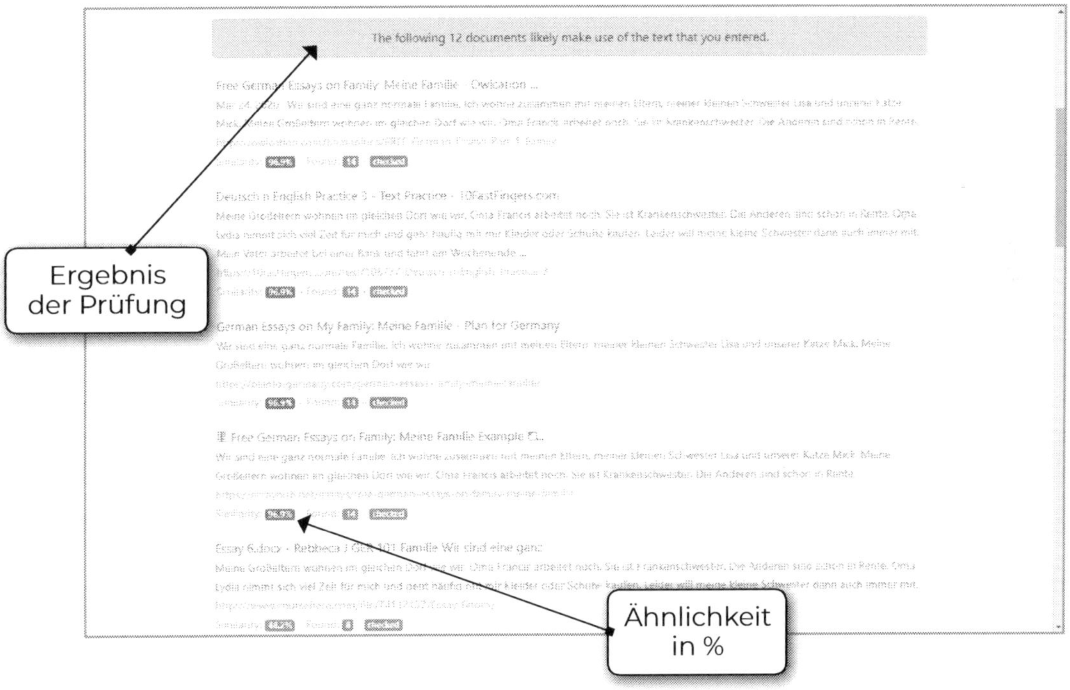

The following 12 documents likely make use of the text that you entered.
Free German Essays on Family: Meine Familie - Owlcation ...
Deutsch n English Practice 3 - Text Practice - 10FastFingers.com
Ergebnis der Prüfung
German Essays on My Family: Meine Familie - Plan for Germany
Free German Essays on Family: Meine Familie Example
Ähnlichkeit in %

Impressum

Für Fragen und Anregungen:
Daniel Völz
Tamar Mepe Straße 14
0112 Tiflis, Georgien
E-Mail: hello@daniel-voelz.com

Mitwirkende:
Redaktion: Leopold Heptner
Lektorat: Michael Eggers

Printed in Poland
by Amazon Fulfillment
Poland Sp. z o.o., Wrocław

74073112R00075